詩가 있는 골프에 山다
ⓒ 정경조

2017년 9월 20일 초판 1쇄 펴냄

펴낸곳　J&J culture
펴낸이　정수현
디자인　장지윤
인　쇄　서강출판사

등　록　2017.08.16 제300-2017-111호
주　소　서울시 종로구 경교장길 35, 303-704
전　화　010-5661-5998
팩　스　0504-433-5999
이메일　litjeong@hanmail.net

ISBN　9791196175900

이 도서의 국립중앙도서관 출판예정도서목록(CIP)은 서지정보유통지원시스템 홈페이지(http://seoji.nl.go.kr)와 국가자료공동목록시스템(http://www.nl.go.kr/kolisnet)에서 이용하실 수 있습니다. (CIP제어번호: CIP2017022212)

주문은 문자로~!　　010-5661-5998
입금계좌　국민은행 813001-04-086498
예금주　　제이제이컬처

작가의 말

　노벨문학상 수상자이자 칠레의 국민시인 파블로 네루다(Pablo Neruda)를 모델로 한 안토니오 스카르메타의 장편소설을 영화화한 '일 포스티노(Il postino)'를 본 적이 있습니다.
　이 영화는 작은 섬 칼라 디소토에 오게 된 시인 네루다와 그의 도착으로 인해 불어난 우편물량을 소화하고자 우체부로 고용된 어부의 아들 마리오의 이야기입니다. 이탈리아의 해변과 바람과 하늘, 그리고 시인이 시골청년의 감성을 깨워가는 과정이 정말 아름답습니다.
　"어떻게 하면 시를 쓸 수 있을까요?"
　"해변을 따라 천천히 걸으면서 주변을 감상해보게."
그 말의 의미를 찾던 우편배달부 청년은 어느새 시를 쓰게 됩니다.
　세계의 모든 골프장이 아름답지 않은 곳이 없습니다. 물과 돌, 꽃과 나무가 그려내는 풍경은 어느 곳을 화폭에 담아도 멋진 걸작이 그려집니다. 그 그림 속을 좋은 사람들과 재미있는 이야기를 나누며, 한 홀 한 홀 걷노라면 모든 골퍼는 시인이 됩니다. 그 초록의 잔디 위에 골퍼들이 흘리고 간 웃음과 감성들을 주워 모아 이 책에 담아봤습니다. 시 한편의 감상으로 그치는 게 아니라 골프와 관련된 상식이나 용어, 규칙도 쉽게 풀어서 펼쳐 놓았습니다.
　처음으로 써보는 골프관련 시집에 아름다운 삽화로 멋을 내 주신 장지윤 작가님과 J&J Culture 식구들에게 고마운 마음을 전합니다.

2017년 가을에

차 례

1부. 골프란...
(Golf is.)

1. Golf is .... / 1
2. Mental Game / 5
3. No人 / 9
4. 골프와 기념일 / 11
5. 골프 엘보 / 15
6. 골프의 五心 / 19
7. 갤러리 / 23
8. 날 사랑한다면 / 27
9. 동지(同志) / 31
10. 머리를 올리다 / 35
11. 모전자전 / 39
12. 몸의 기억 / 43
13. 뭘 하려는 걸까? / 47
14. 발우공양 / 51
15. 뺄셈 / 55
16. 현장학습 / 57
17. 에이지슈터 / 61

2부. 티잉 그라운드
(Teeing Ground)

18. OB / 63
19. ACE / 67
20. Liar Liar / 71
21. 개와 늑대의 시간 / 75
22. 문장부호 1 / 77
23. 문장부호 2 / 79
24. 백구(白球)의 기도 / 81
25. 야(野)한 대화 / 85
26. 어긋난 사랑 / 87
27. 어제의 내일은 / 89
28. 점과 선 / 93
29. 티(Tee) / 97

3부. 쓰루 더 그린
(*Through the Green)

4부. 퍼팅 그린
(Putting Green)

30. The Road Not Taken / 101
31. 개구(開口)라 / 105
32. 계약위반 / 107
33. 국외자 / 109
34. 드롭(Drop) / 113
35. 바닥 물고기 / 115
36. 방명록 / 119
37. 벙커(Bunker) / 123
38. 변명 / 125
39. 선택 / 129
40. 수리지 / 131
41. 숫자놀이 / 135
42. 위싱 웰 / 139
43. 이름은 달라도 / 143
44. 일요일은 쉰다 / 147
45. 10타 / 151
46. 트랜스젠더 / 155
47. 포섬과 포볼 / 157

48. Above the hole / 161
49. Never Up Never In / 165
50. OK / 169
51. So Far No Par / 171
52. 14-2a / 175
53. 가까이살면 늦게온다 / 179
54. 길어서 멀다 / 183
55. 로망과 노망 / 187
56. 불놀이 / 189
57. 웨이트 슈터 / 191
58. 이상한 사칙연산 / 193
59. 입스(Yips) / 197
60. 홀인원 / 201

* Through the green
한 홀의 티잉 그라운드와 퍼팅 그린을 제외한 나머지 지역

1. Golf is...

골프(golf)는 언제나 도전이다.
네가 서 있는 티잉 그라운드(teeing ground)가
모든 것의 출발점이다.
항상 올바른 길(fair way)을 가기 위해 노력하라.
때로는 힘든(rough) 일도 겪고,
위험한 모험(hazard)을 해야 할 때도 있다.
가끔은 최악의 상황(out of bounds)에 좌절할 때도 있다.
하지만, 굴곡(undulation)있는 시간을 이겨내야
그린(green) 위의 컵(hole)으로 축배를 들 수 있다.
너의 성공(score)은 스스로 만드는 것이다.
어떤 클럽(club)을 선택할지는
너의 손(grip)에 달려 있다.
이제,
시작(tee-off)하라!

골프는 7번 아이언으로 똑딱이를 시작한 입문자에게도, 언더파를 치는 프로골퍼에게도 도전과 실패의 연속인 스포츠다. '바퀴벌레와 핸디캡은 아스팔트도 뚫고 나온다'는 말이 있는 것 보면 꾸준하게 자신의 플레이를 한다는 것이 얼마나 어려운 가를 짐작할 수 있다.

이렇게 어렵고도 끊임없는 노력을 요구하는 골프이기에 새로운 기록에 도전하여 월드기네스북에 오르는 경우가 많다. 우리나라에도 '하루 최다 홀 단체 라운드' 기네스 기록이 있는데, 2009년 6월 28일 군산CC에서 영국 기네스북월드레코드 담당관 입회 아래 372명이 참가해 하루에 75홀을 돌아 총 6974홀을 라운드 했다. 군산CC의 정읍 코스 3번 홀은 par7으로 길이가 1098야드로 일명 '천사홀(1004m)'이라는 별칭이 있다.

1일 최다홀 라운드 세계기록은 캐나다 에드몬튼의 빅토리아골프클럽에서 롭 제임스가 기록한 851홀이고, 국내는 1993년 6월 15일 윤흥기업 대표 임흥순씨가 프라자 CC에서 오전 4시에 티오프해서 오후 8시17분까지 16시간 17분 동안 200홀(11라운드 2홀)을 돌면서 평균 77.8타를 기록했다. 한 홀 라운드 최단 시간 기록은 스페인 안달루시아 산로케의 발데라마 골프장의 500야드 파5 4번 홀 포섬릴레이 방식에서 프랑스 팀이 버디를 잡으면서 기록한 34.8초다.

그 외, 재미있는 기록은 세계에서 가장 빠른 골프카트는

2014년 미국 사우스캐롤라이나의 달링턴 드랙웨이에서 시속 118.76마일(약 190km)의 속도로 달렸고, 2013년 미국 일리노이주 케세이CC 10번 홀에는 현지 건축내장재 회사 대표 짐 볼린이 황색 소나무로 무게 3t에 9m36cm의 골프티를 세웠다. 티에는 성경 구절이 새겨져 있으며, 기네스북 등재 이후 지름 5.5m에 달하는 골프공을 추가로 올렸다고 한다.

골프는 언제나 도전이다. 똑같은 코스를 몇 백번 돌아도 매번 다른 길로 가고, 또 다른 결과를 얻기에 정해진 답이 없는 끝없는 도전이다. 프로골퍼는 메이저대회 우승에 대한 도전이고, 그랜드 슬램에 대한 도전이고, 명예의 전당에 대한 도전이다. 주말골퍼들은 OB와 해저드에 대한 도전이고, 타수에 대한 도전이고, 고수에 대한 도전이다. 그 도전이 주는 행복과 기쁨을 찾아 오늘도 골프화 끈 조여매고 티잉 그라운드를 향하는 것이다.

*이해하기 어려운 골프용어 1

가장 가까운 구제 지점 Nearest Point of Relief

"가장 가까운 구제 지점"이란 움직일 수 없는 장해물(규칙 24-2), 비정상적인 코스 상태(규칙 25-1) 또는 다른 퍼팅 그린(규칙 25-3)에 의한 방해로부터 벌 없이 구제를 받을 때의 기점(基點)을 말한다.

가장 가까운 구제 지점은 볼이 놓여 있는 곳에 가장 가까운 코스 위의 한 지점으로
(i) 홀에 더 가깝지 않고
(ii) 구제를 받고자 하는 상태가 그곳에 없었다면 플레이어가 볼이 있는 원위치에서 스트로크 하는 것과 똑같이 방해를 받지 않고 스트로크 할 수 있는 곳이다.

주(註): 가장 가까운 구제 지점을 정확히 결정하기 위해서는 다음 스트로크를 위한 어드레스 자세를 취하고 치는 방향을 잡아 스윙을 해보면서, 만일 구제를 받고자 하는 그런 상태가 그곳에 없었다면 사용했을 클럽을 사용하여야 한다.

2. 멘탈게임(Mental game)

맘이 몸을 앞서면
몸이 맘을 아프게 한다.
맘은 욕심을 따르고
몸은 루틴을 따르기 때문이다.

대부분의 스포츠가 그렇지만 특히나 골프는 멘탈게임(mental game)이라고 한다. 선배 한 분이 내기에서 자주 지는 친구에게 그랬다. "너는 맨~탈탈 털리고만 다녀서 멘탈게임이냐?"

잭 니클라우스는 골프의 운동장은 두 귀 사이의 15cm, 즉 뇌라고 했다. 클럽을 휘두르는 몸을 쓰는 운동이지만 그 몸을 움직이기까지의 과정은 이미 '뇌'에서 결정되고, 그 '생각'의 영역에서 발생하는 부조화(不調和)가 스윙리듬에 영향을 미쳐 원하지 않는 결과를 만들어 낸다.

골프에서의 루틴(routine)은 스윙을 하기 전후에 나타나는 일련의 습관화된 행동이나 심리적인 과정을 말한다. 골프뿐만 아니라 다른 스포츠에서도 선수들이 하는 일정한, 반복적인 행동은 모두 루틴에 포함된다. 출발 전에 음악을 듣는 수영선수, 자유투나 서브 전에 정해진 수의 공을 튕기는 농구선수나 배구선수의 행동 등이 그 예다.

'멘탈 스포츠'인 골프에서 루틴은 중요한 역할을 한다. 『골프: 멘탈이 반이다』(홍준희)에서는 루틴의 역할을 '첫째, 무의식적인 멘탈상태에서 실제 스윙동작을 할 수 있게 해준다. 둘째, 샷과 샷 사이의 시간적 간격으로 인해 흐트러졌던 주의를 집중하게 해 준다'라고 하고 있다. 결국, 루틴은 최상의 샷을 할 수 있게 하는 모든 준비단계를 말하는 것이다.

유명한 프로골퍼들은 스윙코치 이 외에 마인드 컨트롤(mind control)을 위해서 심리전문가들에 의한 멘탈코칭을 받는다. 골프 황제 타이거 우즈는 전성기 시절 매년 멘탈코칭을 받는 데 100만 달러 안팎의 돈을 쓴 것으로 알려져 있다. 멘탈코치 대부분은 스포츠심리 전문가들이지만 특이한 전력의 코치도 있다. 최고의 골퍼 탑 10에 꼽히는 스페인 출신 존 람(Jon Rahm)의 멘탈코치는 '폭탄해체(bomb disposal)' 전문가라고 한다. 이 코치는 초긴장 상황에서 폭탄을 처리해야하는 임무 중 터득한 노하우로 존 람의 분노조절장애를 상담해 준다고 한다.

늦둥이 막내딸에게서 마음의 평화를 얻고 있는 딸 바보로 많은 프로골퍼들의 멘탈코치로 활약 중 인 이홍식 스포츠 심리학 박사는 "멘탈코칭이란 때론 친구처럼, 때론 오빠 형처럼, 때론 코치처럼, 때론 부모처럼 롤 플레이(role play)를 하는 것이다"라고 말한다.

골프는 긍정적 자기 예언의 '피그말리온 효과'와 부정적 인식의 지속인 '스티그마 효과'가 공존하는 스포츠다. 유리멘탈로는 결코 챔피언이 될 수 없는 침묵의 레이스!

*이해하기 어려운 골프용어 2

국외자 Outside Agency

매치 플레이에서 "국외자"란 플레이어나 상대방, 어느 한편에 속한 캐디, 현재 플레이하고 있는 홀에서 어느 한 편이 플레이한 볼 또는 어느 한 편의 휴대품을 제외한 모든 사람과 사물을 말한다.
스트로크 플레이에서 국외자란 경기자 편, 경기자 편에 속한 캐디, 현재 플레이하고 있는 홀에서 경기자 편이 플레이한볼 또는 경기자 편의 휴대품을 제외한 모든 사람과 사물을 말한다.
국외자에는 심판원, 마커, 업저버 그리고 포어캐디가 포함된다. 바람과 물은 국외자가 아니다.

3. No人

구력 1년 만에 싱글 핸디캐퍼가 되고도
여전히 애인이나 부인이 있다면
그 자는 No人이다.

골프백에 우드가 없어도
par5홀에서 투온 한다면
그 자는 No人이다.

새벽엔 골프 연습장에서
낮엔 필드에서
밤엔 스크린골프장에서 만난다면
그 자는 진짜 No人이다.

『골프 싱글이 비즈니스 싱글이다』라는 책에서 저자 다이애나 홍은 "골프 싱글을 치는 사람은 대부분 사업도 반석 위에 올리는 놀라운 성과를 만들어냈다"고 말하며, 골프장에서 매력적인 사람으로 인정받기 위한 5가지 덕목으로 '위기를 극복해내는 전략적 사고 / 골프의 기본 룰을 지키는 도덕성 / 동반자들의 공감을 이끌어내는 커뮤니케이션 능력 / 예기치 않은 실수 후 감정을 조절하는 균형 감각 / 도전정신과 책임감'을 제시하고 있다. 그래서 저자는 "골프장에서든 회사에서든 누구에게나 인정받는 사람이 되려면 골프 실력뿐만 아니라 골프매너와 대화법, 파트너십 등을 갖춰야 한다"고 강조한다.

　80대 치는 사람에게 사업에 대해 물어 보지 말고, 싱글 치는 사람에게 가족에 대해 물어보지 말라는 말이 있듯이, 골프를 시작해서 싱글 핸디캡퍼의 반열에 오르기 위해서는 많은 돈과 더 많은 시간 그리고 열정을 희생해야 한다. 그 과정에서 얻는 것도 있지만 사람과의 관계, 특히 가족처럼 가까운 사람들과의 관계가 위기를 겪는 경우가 많다. 존경받는 싱글골퍼가 되려면 진짜 싱글이 되려고 이혼한 여성이나 남성을 이르는 '돌싱(돌아온 싱글)'이 되지 말고, 줄어드는 타수만큼 친구를 잃지 않도록 더 많은 노력을 기울여야 한다.

4. 골프와 기념일

3.1절에는 망설였지만
4.19에는 자발적 참여를
5.18에는 들불처럼 타올랐고
6월6일부터는 자숙의 시간을
7월17일과 8월15일은 잠시 쉬어간다.
10월3일과 10월9일은 우리나라 만세!
10.26은 종말의 서곡!

사계절이 뚜렷한 우리나라는 추위 때문에 겨울 골프를 하기는 어렵다. 특히나 차령산맥 북쪽의 충청북도와 강원도 골프장은 눈이 내리면 긴 휴장에 들어간다. 그래서 우리나라 골퍼들은 겨울이 오면 철새들처럼 따뜻한 남쪽 나라로 떼 지어 이동을 한다. 철새들과 다른 것은 수컷들이 아내와 애들은 두고 간다는 것이다.

3월이면 골퍼들도 긴 겨울잠에서 깨어난다. 개구리가 겨울잠에서 깨어나는 경칩(驚蟄)도 이맘때쯤이다. 3월 초의 골프라운드는 아직 눈이 남아있는 곳도 있고, 얼어 있는 곳이 많아서 자칫 부상의 위험이 있기 때문에 조심스럽다. 하지만 4월은 시간이나 돈이 없는 골퍼들에게는 가장 '잔인한 계절'이다. 겨우내 전지훈련이나 실내연습장에서 갈고 닦은 실력과 하나하나 장만한 비장의 무기들을 뽐내고 싶어 밤잠을 설치기 때문이다.

계절의 여왕 5월이 오면 골프장의 그린과 페어웨이(fairway)는 여왕의 자태를 뽐내듯 초록의 비단결과 색색의 꽃들로 골퍼들을 유혹하고, 골프장 부킹(booking: 예약)전쟁은 맛 집 식당의 자리 잡기보다 치열하다. 하지만, 6월6일 현충일은 순국선열과 호국영령의 희생정신을 기리며 경건하게 보내야한다. 이 날 라운드 나갔다가 옷 벗은 고위공직자들이 한둘이던가? (네 명이면 한 팀 짜서 또 라운드 가겠지~.)

6월 말 장마기간과 7~8월 폭염은 건강을 생각해서 잠시 쉬고, 9월 추석연휴는 가족과 함께 시간을 보내야한다. 이렇게 포인트를 적립해야지만 환상적인 가을골프와 겨울 전지훈련을 떠날 수 있음을 명심하라.

   과부 달러 빚을 내서라도 골프 나간다는 가을이 오면 10월3일 개천절과 10월9일 한글날은 우리나라 만세요, 골퍼들도 만세다. 고운 가을 단풍과 청명한 날씨 속에 초록의 골프코스를 걷는다는 것은 축복이다. 하지만 1961년 5.16쿠데타로 집권한 박정희의 18년 장기집권의 종말을 고한 10.26사태가 지나면 골퍼들도 라운드를 정리하기 시작 한다.

   일부는 짐을 싸서 실내연습장이나 스크린골프장으로 들어가 조용히 은둔생활을 하고, 일부는 재기를 꿈꾸며 해외망명을 떠난다. 물론 많은 주말골퍼들은 골프백과 함께 긴 겨울잠을 자기도 한다. 봄을 기다리며...

*이해하기 어려운 골프용어 3

럽 오브 더 그린 Rub of the Green

"럽 오브 더 그린"이란 움직이고 있는 볼이 우연히 국외자에 의하여 방향이 변경되거나 정지된 경우를 말한다(규칙 19-1참조).

-19-1. 국외자에 의한 경우 By Outside Agency
움직이고 있는 플레이어의 볼이 우연히 국외자에 의하여 방향이 변경되거나 정지된 경우는 럽 오브 더 그린으로 누구에게도 벌이 없으며 그 볼은 있는 그대로의 상태로 플레이하지 않으면 안 된다.

5. 골프 엘보

연습장 볼카운터기 120분에 666.
이건 운동이 아니라 노동이다.

과사용 증후군을 참으며
매트에 구멍을 내는 것은 중병이다.

그래서
골프 엘보는 정신질환이다.

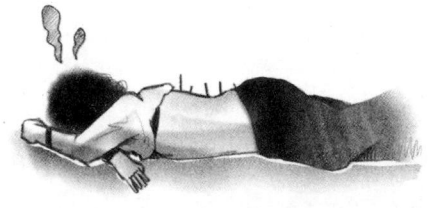

골퍼가 아니면 이해하지 못하는 것 중의 하나가 골프연습을 하다가 갈비뼈에 금이 갔다는 말이다. 골퍼라면 모두가 고개를 끄덕이지만 골프를 해보지 않은 사람들은 어떻게 골프클럽이나 공에 맞은 것도 아닌데 갈비뼈가 나가냐고, 뻥치지 말라고 한다.

　골프스윙의 원리를 이해하면 왜 이런 말도 안 되는 일이 일어나는지 알 수 있다. 골프의 기본원리는 '회전을 통해 만들어지는 원심력'에 의해 공을 쳐내는 것이다. 하지만 두 발을 바닥에 고정한 채 회전을 하라는 것이 팔로만 회전하는 것이라고 생각한다면 잘 못 이해한 것이다. 팔이 아닌 몸통으로 회전을 해야만 샷의 일관성과 비거리를 모두 얻을 수 있다.

　하체를 고정시키고 꼬임을 최대한 이용하기 위해 상체를 무리하게 회전시키는 과정에서 갈비뼈에 금이 가는 경우가 생기는 것이다. '본 시리즈'로 유명한 미국 영화배우 맷 데이먼(Matt Damon)도 극중 배역을 위해 골프연습을 하다가 갈비뼈에 금이 간적이 있다고 한다. 첫 골프라운드에서 120타 이상 치고 나서 독한 맘먹고 하루 세 차례씩 연습장을 찾으며, 아침에 손이 펴지지 않을 정도로 연습하여 골프 입문 8개월 만에 첫 싱글을 기록했던 문경안 ㈜볼빅 회장도 세 차례나 갈비뼈에 금이 가 병원에 간 적이 있었다고 한다.

　많은 중년의 골퍼들이 겪는 대표적인 부상은 팔꿈치에

통증을 느끼는 골프엘보다. 골프엘보는 팔꿈치 안쪽이 아픈 내측상과염으로 대표적인 과사용 증후군(overuse syndrome)이라고 할 수 있다. 이 증상에 가장 좋은 치료약은 충분한 휴식이다. 과하게 근육을 사용하여 힘줄에 반복적으로 부하가 가해지면 손상된 힘줄이 정상적으로 회복될 수 없으므로 근육 사용을 최소화하여야 한다. 초기에는 통증 조절을 위해 비스테로이드성 소염진통제를 사용할 수 있다. 일명 '뼈주사'라고 불리는 스테로이드 국소 주사는 단기적 효과는 클 수 있지만 장기적으로 보면 다른 치료방법에 비해 오히려 효과가 낮고, 재발률이 높다고 알려져 있다.

골프엘보로 팔꿈치가 아파서 병원을 찾는 환자에게 2주 정도 다리에 깁스를 하게한다면 모두 완치될 것이다. 한의원 가서 침 맞고 부황 뜨고 나서도 엘보밴드 차고 공을 치는 것을 보면 이 병은 치료가 어려운 중증질환이다. 내 얘기다.

*이해하기 어려운 골프용어 4

루스 임페디먼트 Loose Impediments

"루스 임페디먼트"란 자연물로서
- 고정되어 있지 않고, 생장하지 않으며
- 땅에 단단히 박혀 있지 않고
- 볼에 달라붙어 있지 않은 것으로

다음의 것들이 포함된다. 즉
- 돌, 나뭇잎, 나무의 잔가지, 나뭇가지 그리고 이와 유사한 것
- 동물의 똥
- 벌레, 곤충 및 이와 유사한 것들 그리고 그것들이 파내 놓은 흙과 퇴적물(堆積物)

모래와 흩어진 흙은 퍼팅 그린에 있을 때에는 루스 임페디먼트이나 다른 곳에 있을 때에는 아니다.

눈(雪)과 천연 얼음(氷)은 플레이어의 선택에 따라서 캐주얼 워터 또는 루스 임페디먼트로 취급할 수 있다.

이슬(露)과 서리는 루스 임페디먼트가 아니다.

6. 골프의 오심(五心)

뒤땅에 대한 근심,
비거리에 대한 욕심,
버디한 후의 방심,
타수 보면 깊어지는 수심,
뒤에서 헤매는 너 보면 안심!

요즈음은 1인, 또는 2인 플레이가 가능한 골프장들도 있지만 아직도 대부분의 골프장 1팀은 4명이다. 왜 1팀이 4인인가에 대한 규정이나 학설은 없다. 하지만, 잠깐 생각해보면 추측해 볼 수는 있다.

먼저, 4라는 숫자가 가지는 짝수의 매력이다. 1인 혼자 4~5시간의 라운드를 한다는 것은 기나 긴 인내력 테스트가 될 수 있고 쉽게 지루해 질 수 있다. 보통 화학(Chemistry, 케미스트리)이라는 뜻이지만 사람사이의 화학반응으로도 쓰이는 일명 '케미'가 있는 연인 또는 불륜관계가 아니라면 2인플레이는 정말 어색한 시간이 될 수 있다. 과묵한 경상도 부자가 캐디도 없이 플레이하는 걸 상상해 보라. 클럽에 맞는 공 소리만 들릴 것이고, 그 주위에 무거운 저기압대가 형성되면서 구름이 몰려들고 곧 비가 내리기 시작할 것이다. 직장 상사와의 2인 플레이를 원하는 직장인이 있다면 그 사람은 대단한 휴머니스트다. 김대리는 볼빅 공만 치는데 박부장님과 라운드를 나갈 때는 늘 타이틀리스트 3번 공을 주머니에 가지고 다닌다. 부장님이 그 공만 치기 때문에 부장님 샷이 OB나 해저드 쪽을 향하면 먼저 뛰어가서 그 근처에다 주머니의 타이틀리스트 3번 공을 꺼내놓고 "부장님, 공 여기 살았습니다"라고 외쳐야 하기 때문이다.

3인은 한 마디로 위험한 조합이다. 개인 간의 경쟁이 벌어진다면 6.25 한국전쟁보다 더 피 튀기는 동족상잔의 비극이 될 수 있고, 두 명이 남모르게 자기들끼리만 짜고 하는 부정적인 약속을 의미하는 '짬짜미'를 한다면 라운드 끝나기 전에 원수가 될 수도 있다. 하지만, 4인은 개인별 시합을 해도 한 명 정도의 보험직원(?)이 나타나 완충지대 역할을 해서 과도한 경쟁을 막아주고, 2인씩 팀을 짜기도 좋아서 가장 보편적으로 이용되는 1팀 인원이다.

두 번째로는 골프장의 운영에 적합한 숫자이기 때문이다. 팀별 티오프 시간을 7분 정도, 18홀 기준 1일 80팀을 배정할 때 1팀 4인이 최적의 인원이고, 대부분의 전동카트 또한 캐디가 4인의 고객을 동반할 수 있도록 제작되어 있다.

사랑하는 사람과 단 둘이 2인 라운드를 나간다면 얼마나 행복할까? 결혼 25년 차 부인과 2인 플레이를 나가는 당신! 사랑이 책임감이나 의무감이 되어서는 안 돼~.

*이해하기 어려운 골프용어 5

마커 Marker

"마커"란 스트로크 플레이에서 경기자의 스코어를 기록하도록 위원회가 임명한 사람을 말하며 동반 경기자도 마커가 될 수 있다. 마커는 심판원(審判員)이 아니다.

7. 갤러리(Gallery)

너를 만질 수 없어
그저
멀리서 바라만 보고 있다.

너는
뭉크의 '절규'가 되기도 하고,
리히텐슈타인의 '행복한 눈물이' 되기도 한다.

선을 넘고 다가갈 수 없어
나는,
너의 갤러리가 된다.

갤러리(gallery)는 원래 복도, 화랑, 극장의 발코니 등을 뜻하나 골프 관람객들이 페어웨이 양편으로 늘어선 모습이 화랑을 연상시키고, 화랑에서 미술품을 관람하듯 조용히 플레이를 지켜본다고 하여 의미가 추가된 듯하다.

갤러리는 경기의 일부라는 말이 있다. 갤러리는 국외자(局外者, Outside Agency)이기 때문에 경기의 승패에 직접적인 영향을 미치기도 한다. 2014 PGA투어챔피언십 2라운드 파4 14번 홀에서 로리 매킬로이의 오른쪽 숲으로 밀린 공이 나무를 맞고 갤러리의 반바지 주머니 속으로 들어가 무벌타 드롭으로 파를 했고, 2017 월드 골프 챔피언십 3라운드 10번 홀에서 필 미컬슨의 티샷이 페어웨이 왼쪽 숲으로 들어가서 '로스트 볼'로 1벌타를 받고 처음 위치로 복귀해서 다시 샷을 할 뻔 했지만, 한 갤러리가 공을 집어 들고 사라졌다는 갤러리들의 목격담이 인정되어 낙하 예상 지점에서 벌타 없이 드롭을 한 후 두 번째 샷을 그린 위에 올려 파를 했다.

갤러리에게 요구되는 규칙은 골프규칙 1장 '에티켓; 코스에서의 행동'에 있는 '다른 플레이어에 대한 배려'다. 움직이거나, 말하거나, 불필요한 잡음을 내서 플레이를 방해해서는 안 되고, 코스로 가져간 전자기기가 다른 플레이어들을 혼란시키지 않아야 한다.

메이저시합이 아닌 평범한 대회지만 지구상에서 가장 많

은 갤러리를 자랑하는 피닉스오픈에 갤러리가 몰리는 가장 큰 이유는 '콜로세움'이라 불리는 수용인원 2만 명에 달하는 16번 파3홀의 갤러리 스탠드 때문이다. 이곳에선 매일 라운드가 끝나면 나이트클럽이 열리고 라운드가 진행되는 낮에는 맥주와 버거를 판매한다. 갤러리는 선수가 샷을 할 때마다 환호와 야유를 쏟아내며 마치 야구장에 온 것처럼 골프를 즐긴다.

하지만, 그들 모두는 선수가 샷을 하기 위해 어드레스를 취했을 땐 침묵한다. 환호는 샷의 결과를 보고 해도 충분하다.

*이해하기 어려운 골프용어 6

매치 플레이 방식 Forms of Match Play

싱글: 1명이 다른 1명에 대항하여 플레이하는 매치를 말한다.
스리섬: 1명이 다른 2명에 대항하여 플레이하며 각 편은 1개의 볼로 플레이하는 매치를 말한다.

포섬: 2명이 다른 2명에 대항하여 플레이하며 각 편은 1개의 볼로 플레이하는 매치를 말한다.

스리볼: 3명이 서로 대항하여 각자의 볼을 플레이하는 매치 플레이 경기를 말한다. 각 플레이어는 2개의 별개 매치를 동시에 하는 것이다.

베스트볼: 1명이 다른 2명 중 스코어가 더 좋은 사람과 대항하거나 다른 3명 중 스코어가 가장 좋은 사람과 대항하여 플레이하는 매치를 말한다.

포볼: 2명 중 스코어가 더 좋은 사람이 다른 2명 중 스코어가 더 좋은 사람에 대항하여 플레이하는 매치를 말한다.

8. 날 사랑한다면

그대가 진정 날 사랑한다면
지나간 자리에 흔적을 남기지마세요.

산산이 부서져도 티내며 버리지 말고
아름다운 길에 낸 상처 꼭 다시 덮어주고
모래밭 발자국도 깨끗이 지워주세요.

그대 진정 날 사랑했다면
또 다른 이가 내게 왔을 때
언제나 내가
처음인 듯 느끼게 해주세요.

골퍼라면 반드시 지켜야하는 필드에서의 수칙 '3R'이 있다.

1. Replace the divot. (디보트를 수리하라)

샷을 하다보면 디보트가 생기는 게 당연하다. 특히나 한국잔디가 아닌 양잔디에서는 아이언 샷을 하면 일명 '돈가스'로 불리는 뗏장이 날아다닌다. 그린피를 지불했으니 골프코스에 자국을 남기는 것을 비난받지는 않는다. 문제는 그 자국의 처리다. 날아간 뗏장을 가져와 제 자리에 놓고 꾹꾹 밟아 주거나, 캐디의 도움을 받아 모래로 채워 넣어도 된다.

프로들 시합에서 샷을 한 후 그냥 이동하는 선수보다는 디보트를 수리하기 위해 날아간 잔디를 찾는 선수의 모습이 훨씬 아름답게 보인다. 수리되지 않은 디보트에 공이 있을 때 어떻게 샷을 할지 고민해본 경험이 있다면 반드시 지켜야 하는 원칙이다.

골프규칙 제1장 에티켓 '코스의 보호'에서도 '플레이어들은 그들 자신들이 만든 디보트 자국과 볼의 충격에 의한 퍼팅 그린 면의 손상(플레이어 자신이 만들었거나 그렇지 않았거나 상관없이)을 정성껏 고쳐 놓지 않으면 안 된다'라고 명시하고 있다.

2. Repair the ball mark. (그린위의 공 자국을 수리하라)

퍼팅그린은 일명 '댄스 플로어(dance floor)'라고 불릴 만큼 매끄럽게 다듬어져 있어야 한다. 하지만 어프로치 샷을 하면 어쩔 수 없이 공이 떨어진 자국이 생긴다. 이것을 볼마크(ball mark) 또는 피치마크(pitch mark)라고 하는데, 수리되지 않은 볼마크 자국은 퍼팅의 가장 큰 장해요소가 된다. 프로골퍼들의 경기를 보면 그린에 올라와서 제일 먼저 자기의 공 자국을 수리하는 모습을 볼 수 있다.

하지만, 규칙1-2에서는 볼의 움직임이나 자연적 상태의 변경에 영향을 미치는 행동은 금지하고 있다. 자신의 플레이에 유리하도록 스파이크 자국을 두드리거나 퍼팅라인의 잔디를 누르는 것은 2벌타지만, 홀 아웃 한 뒤에 뒤에 오는 플레이어들을 위해 홀의 울퉁불퉁한 가장자리나 스파이크 자국을 정리할 수는 있다.

3. Rake the bunker. (벙커를 정리하라)

벙커에 공이 들어가면 벙커샷을 하기 위해 두 발을 모래 깊이 파묻는 게 보통이다. 그래서 벙커샷이 끝난 벙커를 보면 발자국이 만든 웅덩이가 상당하다. 뒤 따라오는 골퍼들을 위해 벙커 주위에 있는 고무래를 이용해서 자신의 흔적은 깨끗이 지우고 가는 것이 매너다.

*이해하기 어려운 골프용어 7

스트로크 플레이 방식 Forms of Stroke Play

개인: 각 경기자가 한 개인으로서 플레이하는 경기를 말한다.
포섬: 2명의 경기자가 파트너로서 1개의 볼을 플레이하는 경기를 말한다.

포볼: 2명의 경기자가 파트너로서 플레이하며 각자는 자기 볼을 플레이하는 경기를 말한다. 파트너들이 낸 스코어 중에서 더 적은 스코어가 그 홀의 스코어가 된다. 1명의 파트너가 1홀의 플레이를 끝마치지 않은 경우에도 벌이 없다.

9. 동지(同志)

같은 것 하나 없는 사람들이
한 곳에 모여
같은 쪽을 바라보며
하나의 꿈을 꾼다.

다른 길을 가기도하고
앞서거니 뒤서거니 하면서도
서로를 기다려주고
아픔에 같이 아파하고
기쁨에 함께 기뻐한다.

꿈을 이룬 순서는
제각기 달라도
같은 꿈을 공유하며
시작과 끝을 함께하니
이들을
동지라 한다.

" 함께 술을 마셔보면 그 사람에 대해 조금 알 수 있고,
  함께 고스톱을 쳐보면 그 사람에 대해 많이 알 수 있고
  함께 골프라운드를 돌면 그 사람의 전부를 알 수 있다."

대학교수, KBS 골프 해설위원과 골프칼럼니스트로 활동하다가 2011년 한국골프대학교를 개교 시킨 후 2014년까지 초대 총장을 역임한 우찬명 총장님이 가끔 하던 말이다. 특히, 골프는 신사의 스포츠이고 규칙의 준수와 타인의 배려가 골프의 철학이라는 점을 무척 강조했다. 한번은 함께 라운드 하던 동반자중의 한 사람이 남 몰래 슬쩍 공을 놓아두는 속칭 '알까기'하는 것을 목격하고 경기과에 연락해서 그 사람의 골프백을 빼버렸다는 일화가 있다.

술은 취하면 그만이고, 고스톱은 기본적으로 포커페이스로 상대방을 속여야하는 놀이지만, 4~5시간 게임을 지속하는 골프에서는 알까기로 동반자들을 속였다고 해도 자신을 속일 수 없는 불안감에 결국 스윙이나 퍼팅이 무너져서 더 큰 손실을 보게 된다.

각 대학에서 운영하는 우리나라 인맥 쌓기의 요람인 CEO과정이나 고위자과정의 필수 커리큘럼이 골프고, 그 과정 이수 후 가장 지속적인 교류가 이어지는 것도 골프모임인 것을 보면 골프가 개인의 인적 네트워크를 구축하는데 얼마나 중요한지를 알 수 있다.

미국골프재단의 설문조사에 따르면, '라운드 할 때 가장 신경 쓰이는 동반자는 누구일까?'라는 질문에 응답자의 49%가 '나보다 골프를 잘 하는 사람'이라고 답했고, 그 뒤로 고객(27%), 상사(13%)였다. 라운드 중 황당한 에티켓 위반 사례로는 45%가 '상대방이 스윙하고 있을 때 얘기하는 것'을 들었고, 그 다음은 '끊임없이 전화하는 것'(33%)이었고, 라운드에서 OK를 주는 거리는 29%가 2피트(60㎝), 26%가 1피트라고 답했고, OK없이 플레이한다는 사람은 16%였다.

　　어쩌면 핸디캡이 비슷하고 18홀 내내 즐거운 라운드를 할 수 있는 1팀 4명의 동반자를 만나는 것이 일생의 동반자인 신랑이나 신부를 찾는 것보다 더 어려울지도 모른다.

*이해하기 어려운 골프용어 8

분실구 Lost Ball

다음과 같은 경우에는 볼이 "분실"된 것으로 간주한다.
a. 플레이어, 플레이어 편 또는 이들의 캐디가 볼을 찾기 시작하여 **5분 이내**에 볼이 발견되지 않거나 플레이어가 자신의 볼임을 확인하지 못하였을 때
b. 플레이어가 원구가 있을 것으로 생각되는 장소에서 또는 그 장소보다 홀에 더 가까운 지점에서 잠정구를 스트로크 했을 때
c. 플레이어가 규칙 26-1a, 27-1 또는 28a에 의하여 스트로크와 거리의 벌을 받고 다른 볼을 인 플레이로 했을 때
(규칙26:워터해저드, 규칙27:분실구 또는 아웃 오브 바운드 볼, 잠정구, 규칙28:언플레이어블 볼)
d. 발견되지 않은 볼이 국외자에 의하여 움직였거나, 장해물 안에 있거나, 비정상적인 코스 상태 안에 또는 워터 해저드 안에 있다는 것을 알고 있거나 사실상 확실하기 때문에 플레이어가 다른 볼을 인플레이로 했을 때
e. 플레이어가 교체한 볼을 스트로크 했을 때

오구(誤球)를 플레이하는 데 보낸 시간은 찾기 위하여 허용된 5분 내에 포함되지 않는다.

10. 머리를 올리다

우거진 숲과 봉긋한 언덕
그리고 매끄럽게 다듬어진 살결을 따라 간다.

설렘보다 큰 긴장감으로 너를 안지만
머릿속으로 그려본 수백 번의 상상은
서툰 손짓에 조각나버린다.

어떻게 시작하고 언제 끝났는지 모르지만
나의 미숙함으로 남겨진 곳곳의 상처들.
밀려드는 미안함,
하지만 더 커지는 두 번째의 기대감.

누구에게나 있지만 어느 누구도 똑 같지 않은 것이 첫 경험이다. 그런데 왜 처음 나가는 골프라운드를 '머리를 올린다' 또는 '머리를 얹다'라고 했을까? 『한국어 용법 핸드북』(남영신)에는 "'머리를 얹다'는 과거 혼인한 여자가 떠꺼머리를 풀고 쪽을 찌기 위해서 머리를 위쪽으로 감아올리던 풍습에서 온 것으로 시집을 감을 의미하게 되었고, '머리를 얹어주다'는 주로 어린 기생과 상관함으로써 어린 기생이 어른이 되게 하는 것을 의미했다"라고 설명하고 있다. 처녀나 기생이 남자와 하룻밤을 보내고 머리를 땋아 올리고 비녀를 꽂는 풍습에서 유래한 말인데, 이런 성적인 뉘앙스가 강한 표현이 어떻게 골퍼들 사이에서 쓰이게 되었을까?

이 표현에 대한 합리적인 의심은 일본의 '요바이(夜這い)'에서 시작된다. 요바이는 남자가 밤에 여자 방에 숨어들어가 육체관계를 갖는 풍습으로 20세기 초 까지도 일본에 존재했다고 한다. 여자의 부모는 딸의 방에 외간 남자가 들어와 있다는 걸 알면서도 묵인해 주었고, 자기 딸의 방을 찾는 남자가 없으면 매력 없는 여자라고 손가락질을 받을까봐 남자를 고용하여 딸의 방에 넣어주기도 했다고 한다. 특히 과부 집은 관습적으로 아직 성경험이 없는 소년들에게 첫 요바이의 대상이 되었는데 이렇게 소년들의 첫 상대가 되어 '동정을 빼앗는 것'을 후데오로시(筆おろし)라고 했다. 이 말의 본래 의미는 새 붓의 붓끝을 풀어서 풀을 씻어내고 사용가능한 상태로 만드는 것을 말한다.

    이 말이 우리나라에서는 남자들이 여성과 처음 관계를 갖는 것을 '총각딱지 떼기'라고 하듯이 일본의 식민지 지배에 의한 잔재가 다양한 분야의 언어에 남아있어 골프계에서도 '후데오로시(筆おろし)'의 성적인 의미를 살려 첫 골프 라운드 나가는 것을 '머리를 올리다, 머리를 얹다'로 쓰게 된 것 같다. 하지만, 한국어 곳곳에 있는 일본어의 잔재를 청산하려는 의식적인 노력의 일환으로 이런 말은 쓰지 않는 것이 좋겠다. "오늘 첫 라운드를 했다." 이게 깔끔하다.

*이해하기 어려운 골프용어 9

비정상적인 코스 상태 Abnormal Ground Conditions

"비정상적인 코스 상태"란 캐주얼 워터, 수리지 또는 구멍 파는 동물이나 파충류, 새들에 의하여 코스에 만들어진 구멍, 쌓인 흙, 통로를 말한다.

11. 모전자전

나의 어머니는
경로당에서 새를 잡고
나는 그린위에서 새를 잡는다.
멤버는 양쪽 모두 네 명이다.

어머니는 다섯 마리를 잡고도 'GO'를 외치는데
나는 OK도 못 받고 새도 놓쳤다.

어머니의 고도리도
나의 버디도
승부는 끝나봐야 안다.

우리말에서의 '고도리'는 고등어의 새끼나 고등어의 옛말이지만, 그 보다 더 많이 알려진 일본어 'ご[五] + とり[鳥]'는 화투놀이중 하나로 꾀꼬리, 비둘기, 기러기 세 마리 등 다섯 마리의 새를 모으는 것을 말한다. 한국, 중국, 일본에서 주로 즐기는 놀이 문화인 화투는 국민놀이라 할 만큼 세 명 이상이 모이면 장소불문 나이불문 누구나 즐긴다. 특히 나이든 어르신들이 모여 있는 경로당에서는 치매예방을 빙자해서 권장되기도 한다.

골프 또한 새와 관련이 많다. 규정타수를 의미하는 파(par)와 한 타 더 많은 보기(bogey)를 제외하면 1언더파는 버디(birdie), 2언더파는 이글(eagle) 등 새와 관련된 용어들이 사용되고 있다. 알바트로스(Albatros)는 날개 길이 약 2m의 거대한 새 이름으로 기준 타수보다 3타 적은 타수를 뜻한다. 짧은 파 4홀에서 티샷이 홀인원 되거나 파 5홀에서 세컨샷이 홀에 들어가야 기록할 수 있다.

콘도르(Condor)는 아메리카 대륙에서 사는 거대한 맹금류로, 한 홀에서의 4언더파를 의미한다. 파 5홀에서 홀인원 하거나 파 6홀에서 2번 만에 공을 홀에 넣는 경우다. 골프 역사상 콘도르를 기록한 골퍼는 4명에 불과하다. 5언더파를 의미하는 오스트리치(Ostrich)의 어원은 지구상 가장 큰 새인 타조에서 유래했다. 피닉스와 마찬가지로 골프역사상 그 누구도 기록하지 못한 스코어로 파 6홀에서 홀인원에 성공해야만 가능한 스코어다. 마지막으로 전설속의 새 이름을 딴 불사조의 피닉스(Phoenix)는 기준타수보다 6타 적은 것을 뜻한다. 파 7홀에서 홀인원에 성공해야 하는데, 피닉스에 도전할 수 있는 골프장은 세계에서 가장 긴 것으로 알려진 국내 골프장 군산CC 정읍코스 파7(1004m)과 일본의 사츠키 GC 파7(964야드)이 있다.

    화투와 골프는 1~2명이 할 수도 있지만, 1팀 4명의 구성이 가장 이상적인 형태다. 화투에 이북의 평경장, 전라도 짝귀, 경상도 아귀, 지리산 작두처럼 각 지역을 대표하는 타짜가 있듯이 각 지역의 명문 골프장에는 프로를 능가하는 숨은 고수들이 있다. 또한, 한 번 빠지면 쉽게 그만두지 못하는 중독성이 강하다는 공통점도 있다. 조선조 마지막 왕인 순종은 창덕궁 궁녀들이 소일거리로 화투를 치는 것을 보고 '망국 놀이'를 한다고 화투장을 찢어 버렸다는 일화도 있고, 15세기 스코틀랜드의 국왕 제임스 2세는 당시에 얼마나 골프가 유행했던지 국민의 무도(武道)와 신앙에 방해가 된다고 해서 골프를 금지하는 포고령을 내리기까지 했다고 한다.

*이해하기 어려운 골프용어 10

스루 더 그린 Through the Green

"스루 더 그린"이란 다음과 같은 것을 제외한 코스의 전 지역을 말한다.
a. 현재 플레이하고 있는 홀의 티잉 그라운드와 퍼팅 그린
b. 코스 안에 있는 모든 해저드

12. 몸의 기억

1만 시간의 지루한 반복이
몸에 기억된다.
습관처럼,
들숨과 날숨처럼
의식의 통로를 외면한 채.
네가 떠난 뒤
네 생각은 잊었지만
내 몸의 기억에
네가 남아 있는 것처럼.

왕이 아니면서도 삼국사기 1/3을 차지하는 업적을 남긴 김유신장군에 얽힌 많은 이야기 중에 자기 애마의 목을 친 설화가 있다. 아름다운 여인에 빠져 자주 기방을 찾다가, 어머니에게 꾸중을 듣고 다시는 기방에 출입하지 않겠다고 맹세한다. 하지만 사랑하는 여인을 잊지 못해 술로 하루하루를 보내던 어느 날 술에 취해 말에 올라탔고, 그 말은 습관처럼 기방으로 향해 결국 그녀와 재회하고, 그 일에 화가 난 김유신은 말의 목을 치고 말았다는 이야기다.

이 이야기에서 주목할 것은 훗날 삼국통일의 대업을 이루는 김유신의 의지와 냉철함이 아니라 사람보다 지능이 낮은 동물이 주인을 태우고 기방을 찾아 간 사실이다. 얼마나 자주 갔으면...

2008년 작가 말콤 글래드웰(Malcolm Gladwell)은 『아웃라이어(Outlier)』에서 '1만 시간의 법칙(10,000-Hour Rule)'을 소개했는데, 10년 즉 1만 시간 동안 꾸준히 연습하면 최고에 다다를 수 있다는 내용이다. 선천적 재능이 있느냐 없느냐보다는 여기에서 중요한 것은 꾸준히 1만 시간 동안 무언가를 반복해서 행한다는 것이다.

근육기억(muscle memory)라는 말이 있다. 이것은 어떤 행동이 수 없이 반복되면 의식적인 노력 없이도 몸이 기억하여 수행한다는 것이다. 예를 들면 한 번 배운 자전거 타기나 수영은 오래 동안 하지 않아도 그 방법을 잊어 먹지 않고, 악기 연습을 많이 하면 건반이나 코드를 확인 하지 않고도 무의식적으로 찾아서 연주하는 것 등이다.

인간은 습관의 동물이라고 한다. 나풀레온 힐의 『성공학 노트 2』(남문희 역)에서는 습관은 축음기 레코드판의 홈에, 정신은 그 홈을 따라 움직이는 바늘에 비유하고 있다. 습관이 생각이나 행동의 반복에 의해 단단히 굳어지면 정신은 마치 축음기바늘이 레코드판의 홈을 따라가듯 그 습관의 성질에 관계없이 그것을 따라간다는 것이다.

골프의 고수가 되려면 생각과 전략은 머리가 하고, 기억과 실행은 몸이 하게 해야 한다. 그 순서가 바뀌면 망하는 것이다.

*이해하기 어려운 골프용어 11

스탠스 Stance

플레이어가 스트로크하기 위하여 발의 위치를 정하고 섰을 때 "스탠스"를 취한 것으로 한다.

13. 뭘 하려는 걸까?

고개는 숙이고
어깨는 기울이고
꾸부정한 허리에
반쯤 접은 무릎.
늘어뜨린 두 팔에
얇은 쇠막대기 하나.

그리고
땅만 바라보고 있다.

무얼 하려는 걸까?

골프 연습장이나 필드에 나가서 클럽을 휘두르는 사람들의 모습을 보면 얼굴 생김새만큼이나 스윙이 다 다르다. TV에서 보던 프로선수들의 멋진 자세와는 너무나 다르다. 하지만 그것이 오히려 더 아름답다.

골프해설위원 임경빈 프로가 2016년 펴낸 『도끼스윙』에는 다음과 같은 내용이 있다.

"골프 스윙에는 태생적으로 함정이 있다. 즉, 인간의 본성과 어긋나는 원리가 숨어 있는 것이다. 바닥에 얌전히 놓인 공을 채를 이용해 띄워서 똑바로 멀리 보내는 것이 골프의 핵심 운동역학이다. 바닥의 공을 띄운다는 것 자체 때문에 많은 골퍼들은 클럽으로 공을 칠 때 본능적으로 들어 올리려는 동작을 취한다. 이것이 비극의 시작이다. 이 때문에 그렇게도 많은 토핑(Topping)이나 뒤땅(Fat shot)이 발생한다. 공을 띄우기 위해서는 역설적으로 내려쳐야(다운블로) 한다. 티 위에 있거나 풀에 떠 있는 공이 아닌 바닥에 놓인 공을 칠 때는 도끼로 찍듯이 클럽을 위에서 아래로 하향타격을 해야 한다. 공은 클럽 로프트(각도)에 의해 뜨는 것이다."

저자는 하이 피니시 동작 등에 대한 과도한 집착과 온갖 부작용을 낳는 체중이동에 대한 맹신을 버리라고 주문한다.

20세기 초 미국 프로골퍼로 활약한 벤 호건(Ben Hogan)은 "두 손은 클럽을 쥘 뿐, 클럽을 휘두르는 것은 팔이다. 그리고 그 팔은 몸통에 의하여 휘 둘러진다"라고 했고, 더그 포드(Dough Ford)는 "당신 자신 이상으로 당신의 스윙을 알고 있는 사람은 없다"고 했다.

아무리 우스꽝스러워도 자신의 몸에 맞는 자신감 있는 스윙이라면 골퍼 자신뿐만 아니라 그 스윙의 결과 또한 만족스러울 것이다.

*이해하기 어려운 골프용어 12

스트로크 Stroke

"스트로크"란 볼을 쳐서 움직이게 할 의사를 가지고 클럽을 앞 방향으로 움직이는 동작을 말한다. 그러나 클럽 헤드가 볼에 도달하기 전에 플레이어가 자발적으로 다운스윙을 중지했을 경우 그 플레이어는 스트로크하지 않은 것이다.

14. 발우공양

발우에는 네 개의 그릇이 있다.
밥그릇, 국그릇, 물그릇, 반찬그릇.
네 개의 크기는 일정하게 줄어들고
공양할 때는
왼쪽 무릎과 오른쪽 무릎 사이에
같은 간격으로 놓는다.

골프에는 네 종류의 클럽이 있다.
우드, 아이언, 웨지, 퍼터.
네 종류의 크기는 일정하게 줄어들고
샷을 할 때는
왼쪽 발과 오른쪽 발 사이에
같은 간격으로 놓는다.

그릇을 보고 비우고,
공을 보고 쳐라.
모두 비움의 미학이다.

스님들이 평소 식사하는 것을 '발우공양(鉢盂供養)'이라고 하는데, 발우(鉢盂)는 적당한 양을 담는 밥그릇이란 뜻으로 절에서 승려들이 소지하는 밥그릇을 말하며, 공양(供養)은 사찰에서의 식사를 말한다.

발우는 밥그릇, 국그릇, 물그릇, 찬그릇의 4합(四合)이며, 이 가운데 밥그릇이 제일 크고, 그 다음이 국그릇, 다음이 물그릇, 그 다음이 찬그릇으로, 이들은 모두가 밥그릇 안에 포개져 하나를 이룬다. 보통 때는 이를 포개어 하나로 하고 식사 때는 밥그릇은 왼쪽 앞, 국그릇은 오른쪽 앞, 물그릇은 오른쪽 뒤, 찬그릇은 왼쪽 뒤에 펴 놓는다.

행자가 청수물을 돌리면 그릇을 헹구는 것으로 식사를 시작하고, 식사가 끝날 때도 물로 헹구어 남은 음식을 모두 먹은 후 청수물로 그릇을 헹구어 정리한다. 고작 네 개뿐인 그릇 중 하나가 닦아내고 비워내는 것을 위한 용도로 쓰이니 그 마음의 자세를 읽을 수 있다. 특히 쌀알 하나도 그것을 지어낸 이의 공덕을 헤아려 버림이 없도록 하는 마음은, 음식으로 배보다 정신과 마음을 채우는 스님들의 수양덕목이다.(『음식이야기』, 윤진아)

골프백에는 14개의 클럽이 있고, 우드, 아이언, 웨지, 퍼터는 그 쓰임이 정해져 있다. '드라이버'라 불리는 1번 우드를 우리말로 번역하면 '왜 이러지'라고 한다. 칠 때마다 원하는 방향으로 가지 않고 골퍼에게 실망을 안겨주기 때문에,

마음먹은 대로, 바라는 대로 맞지 않기 때문에 '왜 이러지'다. 그렇다고 드라이버로 퍼팅을 할 수는 없다. 각각의 발우가 그 쓰임새대로 사용되듯이 14개의 클럽도 그래야한다. '이가 없으면 잇몸으로 산다'는 속담처럼 1번 우드 대신 3번 우드나 아이언으로 티샷을 대신할 수도 있겠지만 이 없이 잇몸으로 사는 삶이 오죽하겠는가?

스님들이 네 개의 그릇으로 배가 아닌 마음을 채우듯이 골퍼들도 욕심을 내려놓는 비움의 샷을 해야 한다. 음식은 사라져도 그릇은 남고, 공은 사라져도 디보트(divot)는 남지 않는가?

*이해하기 어려운 골프용어 13

심판원 Referee

"심판원"이란 사실에 관한 문제를 재정(裁定)하고 규칙을 적용하기 위하여 위원회가 임명한 사람을 말한다. 심판원은 그가 목격하거나 보고 받은 모든 규칙 위반에 대해서 조치를 취하지 않으면 안 된다.
심판원은 깃대에 붙어 시중들거나, 홀 위치에 서거나 그 위치를 표시하거나 또는 볼을 집어 올리거나 그 위치를 마크해서는 안 된다.

매치 플레이에서 예외: 심판원이 매치에서 플레이어들과 동행하도록 지정되지 않는 한 심판원은 규칙 1-3, 6-7 또는 33-7에 관련된 경우 이외에는 간섭할 권한이 없다.

-1-3. 합의의 반칙 Agreement to Waive Rules
플레이어는 규칙의 적용을 배제하거나 받은 벌을 면제하기로 합의해서는 안 된다.
-6-7. 부당한 지연; 느린 플레이 Undue Delay; Slow Play
플레이어는 부당한 지연 없이 플레이하여야 하며 위원회가 플레이 속도 지침을 정한 때에는 그 지침에 따라 플레이하여야 한다.
-33-7. 경기 실격의 벌; 위원회의 재량권 Disqualification Penalty; Committee Discretion
위원회는 예외적으로 개별적인 경우에 한하여 그와 같은 조치가 정당하다고 판단할 경우, 경기 실격의 벌을 면제하거나, 수정하거나, 부과할 수 있다.
경기 실격보다 더 가벼운 벌은 어느 경우에도 면제하거나 수정해서는 안 된다.

15. 뺄셈

골프도
인생도
뺄셈이다.

존재의 기쁨보다
부재의 고통이 큰 지는
빼보면 안다.

더하기는 나를 위한 욕심이고
빼기는 너를 향한 관심이다.

골프도
인생도
빼면 더 많은 것을 얻는다.

오랜만에 일찍 퇴근한 아빠가 아이에게 선물 보따리를 안기며 묻는다.

"아빠가 좋아, 엄마가 좋아?"

세 살까지는 '아빠가 좋아', 네 살은 '아빠, 엄마, 둘 다 좋아', 다섯 살은 엄마가 없는 걸 확인한 후 '아빠가 좋아', 여섯 살은 거꾸로 '아빠는 할머니가 좋아, 할아버지가 좋아?'라고 묻고, 초등학교 입학을 앞 둔 최강 일곱 살은 선물을 돌려주며 '그런 질문 하지마'라고 한 후 자기 방으로 들어간다.

한 사람이 다른 이에게 어떤 의미인지, 혹은 얼마나 소중한지를 안다는 것은 어려운 일이다. 하지만 함께 있을 때 느끼는 '존재의 기쁨'보다 그 사람이 없을 때 깨닫는 '부재의 고통'이 크다면 그 사람이 내게는 가장 소중한 사람이다.

2007년 아버지가 돌아가신 후 가장 서럽게 운 것은 장례식 때가 아니라 1년이 지난 어느 날 재래시장 골목 식당에서 먹은 '홍어 삼합'때문이었다. 생전에 가장 맛있게 드시던 음식이었는데 한 봉지 사들고 집에 오는데 그 삼합을 맛있게 드실 아버지가 안 계신 것이다. 봉지를 껴안고 앉아 얼마나 울었던지...

움켜 쥔 주먹보다는 펼 친 빈손으로 할 수 있는 게 더 많다. 골프도 힘을 빼야 고수반열에 오르지 않던가...

16. 현장학습

티를 꽂으며 머리를 숙이고
공을 칠 때마다 허리를 굽히고
컵에서 공을 꺼내며 큰 절을 하고
마지막 홀에서는 모자를 벗고 악수를 하니
결과에 승복하며 겸손을 배우려면
클럽을 들고 필드로 가라!

골프규칙은 세 개의 장과 네 개의 부속규칙으로 구성되는데, 제1장에 에티켓(Etiquette), 즉, 코스에서의 행동(Behavior on the Course)을 명시하고 있다

규칙 제1장의 '경기의 기본정신(The Spirit of the Games)'은 다음과 같다.

"골프는 대부분 심판원의 감독 없이 플레이된다. 골프 경기는 다른 플레이어를 배려하고 규칙을 준수하는 사람의 성실성 여하에 달려 있다. 그리고 모든 플레이어는 경기하는 방법에 관계없이 언제나 절제된 태도로 행동하고 예의를 지키며 스포츠맨십을 발휘해야 한다. 이것이 골프 경기의 기본 정신이다."

이 이외에 안전, 다른 플레이어에 대한 배려, 경기속도, 코스의 선행권, 코스의 보호에 관한 내용이 있고, 결론에서 '위원회는 플레이어가 에티켓의 중대한 위반을 했을 경우 규칙 33-7에 의하여 그 플레이어를 경기 실격 시킬 수 있다'라고 끝맺는다.

규칙 33-7/8에서는 '에티켓의 중대한 위반'이란 말의 의미를 '고의로 다른 플레이어의 정신 집중을 방해하거나 계획적으로 다른 사람의 감정을 해치는 것과 같이 에티켓을 현

저하게 무시하는 태도'라고 설명하고 있다. 따라서 18홀 내내 입에 탈곡기 달고 다니면서 쉴 새 없이 털어내는 골퍼는 조심해야하고, 특히 바람 앞의 촛불처럼 잘 흔들리는 초보골퍼는 '동반자가 하는 말은 OK를 제외하고 모두 구찌다(くち :일본어로 입이란 뜻의 골프 은어, 심리교란을 목적으로 한 말이나 행동)' 라는 말을 명심해야할 것이다.

*이해하기 어려운 골프용어 14

아너 Honour

티잉 그라운드에서 가장 먼저 플레이하는 플레이어가 "아너"를 갖는다고 한다.

17. 에이지 슈터(Age Shooter)

나이를 먹는다.
열두 달 365일을 살아 낸 대가로 나이를 먹는다.
어떻게 살았는지, 무엇을 이뤘는지
신분고하 상관없이 똑 같이 먹는다.
민주적이다.

나이를 잊는다.
먼저 떠나는 이가 있고
이제 세상에 나오는 생명이 있어
이미 먹은, 아직 안 먹은 나이는
내 것이 아니기에 나이를 잊는다.
인간적이다.

그 나이에
에이지 슈터라는 훈장을 하나 줄 수 있다면
이보게 친구!
늙는 것도 괜찮지 않은가?

골프 라운드에서 남자는 18홀 6,000야드 이상, 여자는 18홀 5,400야드 이상의 코스 규모에서 자신의 나이와 같거나, 그 이하의 스코어를 기록하면 에이지 슈터(Age-Shooter)라고 한다. 이것은 메이저대회 우승이나 커리어 그랜드슬램(Career Grand Slam : 선수 생활 중 메이저대회에서 한번 씩 우승하는 것)을 달성하는 것보다 더 힘들고 더 인정받을 수 있는 업적이다.

아니스아미(Arnie's Army: 파머를 따라다니는 갤러리)를 거느린 골프킹 아놀드 파머, 커리어그랜드슬램을 세 번이나 달성한 골프의 제왕 잭 니클라우스, 공식경기 82회 우승으로 PGA Tour 최다승자인 샘 스니드는 에이지 슈터지만, 13년 7주 동안 남자프로골프 세계랭킹 1위를 차지했던 골프황제 타이거 우즈는 에이지 슈터가 되지 못했다. 우리나라 프로골퍼 가운데에는 한국프로골퍼 1호인 연덕춘(1916~2004) 전 한국프로골프협회 회장이 유일하다.

4~50 대에는 꿈도 꾸지 못하다가 58세쯤에 신의 영역이라 불리는 '58타'를 치거나, 나이가 더 먹기를 기다렸다가 72세에 이븐파를 쳐야한다. 결국 건강과 실력을 겸비해야 달성 가능한 기록이기에 골프에서 가장 이루기 어려운 업적이라고 할 수 있다. 100세 세상이니 백돌이는 100세까지 살아야 가능한 일이다~.

18. OB

보내놓고,
가라고 해 놓고
이제 와서 찾는다.

누구를 탓하면 되돌릴 수 있을까,
누구를 원망한들 돌아설 수 있을까.

한 번도 아닌 두 번의 고통.
멀리 간...
나는 싫다.

골프 규칙 2장 용어의 정의에서 '아웃 오브 바운드(Out of Bounds)란 코스의 한계를 넘어선 장소 또는 위원회가 그렇게 표시한 코스의 일부'라고 하고 있다. OB를 표시하기 위해 말뚝이나 선을 사용한 경우 선은 그 자체가 아웃 오브 바운드고, 말뚝은 장해물이 아니라 고정물로 간주하여 스윙하거나 스탠스를 취하는데 방해가 된다고 해도 뽑을 수 없다. OB는 1벌타지만 OB말뚝을 뽑고 치면 2벌타가 부여된다. 하지만, 워터해저드, 거리, 수리지 표시 등을 위한 말뚝은 장해물(인공물)로서 뽑은 후 샷을 할 수 있다. 단, 거리를 표시하는 '살아있는 나무' 아래에 볼이 멈추면 구제받지 못하며 그대로 쳐야 한다.

아마추어골퍼들이 가장 두려워하는 것 중의 하나가 OB다. OB가 나면 2타를 잃게 된다고 'OB2락'이란 말도 있고, OB맥주를 만드는 두산그룹의 동대문 타워가 '두타'라고~. 하지만 골프에서 샷의 실수로 받는 벌타는 1벌타다. 티샷 OB를 2벌타로 오해하는 것은 OB티에서 샷을 할 경우 1벌타 후 OB티까지 샷을 한 것으로 간주하기 때문에 OB티에서의 샷은 네 번째가 되는 것이다.

주말골퍼들의 라운드에서는 '멀리건(Mulligan)'이란 이름으로 티샷을 다시 할 수 있는 기회를 주는데, 이 말의 유래에 대해서는 몇 가지 설이 있지만 미국골프협회(USGA) 사이트에서는 티샷을 잘 못치고 다시 한 번 치게 해달라고 요구한 캐나다 골퍼 데이비드 멀리건의 이름에서 따 온 것이라고 소개하고 있다.

　주말골퍼들의 일반적인 멀리건 관행은 90대 골퍼는 9홀에 1개, 80대 골퍼는 18홀에 1개 정도이며, 백돌이는 그 팀의 고수에게 달려있다.

*이해하기 어려운 골프용어 15

업저버 Observer

"업저버"란 사실에 관한 문제의 재정에 관하여 심판원을 보조(補助)하며 어떤 규칙 위반도 심판원에게 보고하도록 위원회가 임명한 사람을 말한다. 업저버는 깃대에 붙어 시중들거나, 홀 위치에 서거나 그 위치를 표시하거나 또는 볼을 집어 올리거나 그 위치를 마크해서는 안 된다.

19. ACE

내 친구의 드라이버 샷은
똑바로 간다.
개미허리 페어웨이도
계곡이나 워터 해저드가 있어도
언제나 직진이다.
그래서 에이스(ace)다.

내 드라이버 샷은
자유분방하다.
한지(韓紙)가 아닌 중지위에서
동양란을 그린다.
그래서 에이~씨이(A~ce)다.

내 친구는 공을 치고
나는 난을 친다.

골퍼라면 한 번쯤 들어 본 말 중에 '파앤슈어(Far & Sure)'라는 말이 있다. 메이저 대회인 '디오픈(The Open)'이 열 두 번이나 열리고, 1867년 설립되어 잉글랜드에서 두 번째로 오래된 역사를 자랑하는 로열리버풀 골프장의 문장(紋章)에 새겨진 구호다. '멀리 그리고 정확하게!'

이 말의 기원은 16세기 초 스코틀랜드와 잉글랜드가 서로 골프의 발상지라고 주장하다가 골프내기로 결론을 짓기로 한 것에서 시작되었다. 스코틀랜드의 왕 찰스 2세와 스코틀랜드 최고의 골퍼였던 존 패더슨이란 구둣방 주인이 잉글랜드의 귀족 2명과 시합을 벌였고, 패더슨의 활약으로 왕의 팀은 승리를 거두었다. 찰스 2세는 패더슨 가의 문장에 골프클럽을 새긴 뒤 그 밑에 왕이 직접 'Far & Sure'라는 글을 써 넣은 의미 있는 상패를 만들어 주었고, 이때부터 이 짧은 명구는 모든 골퍼들의 영원한 화두로 자리 잡았다.

자주 가는 스크린 골프장에서 만난 '막대박'이란 아이디를 쓰는 친구가 있다. 구력이 2년도 채 안되었는데 구력 20년의 샷이글과 스크린 고수 이븐대마왕, 이븐황이 선배들을 절절매게 한다. 그 원동력은 곧게 뻗어나가는 드라이버 샷이다. 골프초보들이 가장 두려워하는 슬라이스와 OB가 없으니 숏게임 요령만 쌓이면 필드에서도 강적이 될 것 같다.

초보골퍼에게 필요한 것은 멀리의 'Far'가 아니라 정확하게의 'Sure'다. 거리 욕심을 내는 순간 그 공은 한국잔디인

중지 위에서 난을 치거나 와이파이존을 그리고, 아주 멀~리 날아가서 '멀리건(mulligan)'을 써야 하는 상황이 된다. 주말 골퍼들이 비거리에 대한 탐욕을 포기하면 '파 앤 슈어'의 명구는 'Par하고 쉬어'가 될 수 있다.

 골프가 확률게임이라면 똑바로 짧게 쳐서 살 수 있는 확률이 멀리 쳐서 죽을 수 있는 확률보다 크다면 어느 쪽을 선택해야할까? 그래도 거리를 포기할 수 없다면 골프장 클럽하우스에 있는 현금지급기 앞으로 가라~!

*이해하기 어려운 골프용어 16

오구誤球 Wrong Ball

"오구"란 다음과 같은 플레이의 볼 이외의 모든 볼을 말한다.
- 인 플레이 볼
- 잠정구
- 스트로크 플레이에서 규칙 3-3 또는 20-7c에 의하여 플레이한 제2의 볼인 플레이 볼에는 볼 교체가 허용되는가 안 되는가의 여부에 상관없이 인 플레이 볼을 다른 볼로 교체했으면 그 교체한 볼도 포함된다. 교체한 볼은 그 볼이 드롭되거나 플레이스되었을 때 인 플레이 볼이 된다(규칙 20-4)

-3-3. 처리 절차에 관한 의문 Doubt as to Procedure
a. 경기자를 위한 처리 절차
스트로크 플레이에서 한 홀의 플레이 중에 경기자가 자신의 권리 또는 올바른 처리 절차에 관하여 의문이 있는 경우 그는 벌 없이 2개의 볼로 그 홀을 끝마칠 수 있다.
-20-4. 드롭하거나 플레이스한 볼이 인 플레이로 되는 때
When Ball Dropped or Placed is in Play
플레이어의 인 플레이 볼이 집어 올려 진 경우 그 볼은 드롭하거나 플레이스했을 때 다시 인플레이로 된다. 리플레이스 된 볼은 그 볼의 마커가 제거되었는가 안 되는가의 여부에 상관없이 인 플레이 상태이다.
교체된 볼은 드롭하거나 플레이스했을 때 인 플레이 볼로 된다.
-20-7. 오소에서의 플레이 Playing from Wrong Place

20. Liar Liar

여자는 몸무게와 나이를 속이고
남자는 연봉과 주량을 속이고
골퍼는 비거리와 핸디캡을 속인다.

남자(man)와 여자(woman)로 태어났지만 나이가 들 수록 그 성별의 구분은 모호해지고 결국 똑 같은 인간이 (human)되면 누구나 거짓말쟁이(liar)가 된다. 나이를 속이고, 또 속아주면 좋아하고, 통장잔고는 바닥이지만 자존심을 지키려 연봉을 속이고, 비거리를 지키려 고반발 공에 비공인 드라이버를 산다.

대부분의 골퍼들이 '라운드'를 '라운딩'이라고 잘 못 쓰는 것만큼이나 또 하나 잘 못 쓰는 용어가 '핸디'다. 핸디의 올바른 표현은 '핸디캡(handicap)'이고, 이것은 골퍼의 능력을 숫자로 표현한 것이다. 모두가 소망하는 '싱글(single handicapper)'은 핸디캡9 이하로 보통 70대 타수를 말한다.

핸디캡의 어원은 골프의 발상지로 알려진 스코틀랜드에서 술을 마신 후 계산할 때 누군가가 모자를 벗어들고 "핸드 인 어 캡(Hand in a cap)!"이라고 하면 자신의 주머니 사정에 따라 돈을 내는 관습에서 비롯되었다고 한다.

'한국 골프산업백서 2016'(유원골프재단)에 따르면 우리나라 아마추어 골퍼들의 핸디캡은 10이하가 10.9%, 80대 타수 25.6%, 90대 타수 31.6%, 그 이상이 31.9%였다.

핸디캡과 마찬가지로 주말골퍼들의 비거리는 고무줄비거리다. 대부분의 아마추어 골퍼들이 기억하는 비거리는 어잘공(어쩌다 한번 잘 맞은 공)이기 때문에 신빙성이 없다. 최근 영국왕립골프협회(R&A)가 펴낸 보고서에 따르면 영국 남자 아마추어 골퍼의 평균 드라이버 샷 비거리는 213야드 (195m)에 불과했고, 1996년부터 비거리가 20년 동안 고작 13야드(12m)가 늘어났다고 밝혔다.

아마추어 골퍼들의 비거리는 단계별로도 차이를 드러냈다. 즉 골프 초보자이거나 하수일수록 비거리가 짧았다. 핸디캡 21 이상의 하수는 182야드(166m)였고, 핸디캡 13~20은 평균 199야드(182m), 핸디캡 6~12의 실력자는 225야드(206m)로 뛰었고, 핸디캡 6 이하의 고수는 245야드 (224m)에 이르렀다. 이에 비해 여자는 비거리가 30~70야드 정도 짧았는데, 여자 아마추어 골퍼 평균 드라이버샷 비거리는 146야드이고, 핸디캡 6 이하 고수는 평균 195야드였다.

*이해하기 어려운 골프용어 17

인 플레이 볼 Ball in Play

볼은 플레이어가 티잉 그라운드에서 스트로크하자마자 "인 플레이"로 된다. 그 볼은 분실되거나, 아웃 오브 바운드이거나, 집어 올려 졌거나 또는 교체가 허용되거나 안 되거나 간에 다른 볼로 교체된 경우를 제외하고 홀 아웃 할 때까지 인 플레이 상태를 지속한다. 다만 다른 볼로 교체된 경우 그 교체된 볼이 인 플레이 볼로 된다.

인 플레이 볼이 마크되었지만 집어 올려 지지 않았을 때는 인 플레이 상태이다. 볼이 마크되고 집어 올려 졌다가 리플레이스 되었을 때는 볼 마커가 제거되었는가 안 되는가의 여부에 상관없이 다시 인 플레이 상태가 된 것이다.

플레이어가 한 홀의 플레이를 시작할 때 티잉 그라운드 밖에서 플레이하거나 또는 그 잘못을 시정하려고 다시 티잉 그라운드 밖에서 플레이한 경우 그 볼은 인 플레이가 아니며 규칙 11-4 또는 11-5가 적용된다.
-11-4. 티잉 그라운드 밖에서의 플레이
Playing from Outside Teeing Ground
a. 매치 플레이
벌은 없으나 상대방은 즉시 그 플레이어에게 그 스트로크를 취소하고 티잉 그라운드 안에서 볼을 다시 플레이하도록 요구할 수 있다.
b. 스트로크 플레이
2벌타를 받고 티잉 그라운드 안에서 볼을 다시 플레이하지 않으면 안 된다.

21. 개와 늑대의 시간

빛과 어둠이 공존하는
마법의 시간

빛이 시작되는 여명과
어둠이 시작되는 황혼의 시간

여명의 빛 속에 티오프
황혼의 어둠속에 홀 아웃

개와 늑대의 시간은
골퍼를 위한 시간이다.

골프를 좋아하는 사람은 부지런하다. 아직 날이 밝기도 전에 집을 나서고 국도, 고속도로, 그리고 산길을 달리다 보면 어느새 날이 밝아 온다. 4시간 반의 라운드를 위해 5시간의 운전도 기꺼이 감수하는 사람들이다.

'개와 늑대의 시간'은 하루에 두 번 빛과 어둠이 서로 바뀌는 '이른 새벽'과 '늦은 오후'를 의미하며, 개와 늑대가 등장하는 것은 사물의 윤곽이 흐려져, 저 멀리서 어슬렁거리며 다가오는 것이 내가 기르던 개인지, 나를 해칠 늑대인지 분간할 수 없는 시간대이기 때문이다.

하지만, 골퍼들의 마음과 더 닮아있는 것은 1985년에 제작된 리처드 도너(Richard Donner) 감독의 미국 영화 '레이디호크 (Ladyhawke)'다. 호위대장인 나바르를 사랑하는 아름다운 여인 이자보에게 거절당한 추기경은 욕망과 질투에 사로잡혀 악마와 거래를 맺어 낮이면 이자보는 매로 변하고, 밤이면 나바르가 늑대로 변하도록 마법의 주문을 걸어 영원히 두 사람이 함께 할 수 없도록 만든다.

함께 있어도 사람일 때는 만날 수 없는 두 사람은 서로의 곁에 있지만 빛과 어둠이 교차하는 찰나에만 사랑하는 사람을 스쳐볼 수 있다. 그 짧은 순간을 기다리는 애절함이 해가 뜨기를 고대하고 해가 지는 것을 아쉬워하는 골퍼들의 심정과 많이 닮았다. TV정규방송 끝날 때면 나오는 애국가처럼 18홀이 끝나 가면 모든 골퍼들이 '나인 홀 추가'를 외친다.

22. 문장부호 I

티샷은 잘 맞아도 물음표(?)
그린에 오르지 못한 두 번째 샷은 쉼표(,)
깃대 가까이 붙인 어프로치샷은 느낌표(!)
홀로 빨려 들어가는 퍼트는 마침표(.)

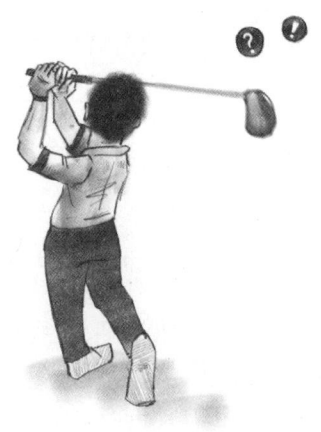

골프의 샷을 문장부호들과 연결 시켜보았다.

티샷은 아무리 잘 맞고, 멀리 가도 아직 그 샷의 가치가 결정되지 않은 상태이고, 그 가치는 두 번째 샷의 성공여부에 달려 있으니 항상 물음표(?)다.

그린에 올리기 위해 치는 모든 샷을 어프로치 샷이라고 하는데, 그 목표는 온그린(on-green)이다. 하지만 조금 짧거나 너무 길어서 그린에 올리지 못한 공은 다음 샷으로 그린을 공략해야하기 때문에 잠시 쉬어가는 쉼표(,)다. 주말골퍼들은 파3 2온, 파4 3온, 파5 4온을 노려야 하기 때문에 신중한 시간이다.

페어웨이나 그린 주변에서 친 어프로치샷이 홀에 꽂혀 있는 깃대 가까이 굴러가서 멈추는 광경은 그 어떤 구경거리보다 황홀하다. 감탄사가 저절로 터져 나오는 순간이기에 느낌표(!)다.

골프의 목적은 공을 홀에 넣는 것이기에 공을 컵에 떨어뜨리지 않으면 경기가 끝나지 않는다. 그러므로 홀 속으로 빨려 들어가는 퍼트는 그 홀 또는 그 경기를 끝내는 마침표(.)다.

23. 문장부호 2

뒤땅에 짧아진 샷은 콜론(:)
궁시렁 궁시렁 설명이 필요하니까.

OB나 해저드에 들어간 샷은 세미콜론(;)
일단 끊었다가 계속해야하니까.

치고 치고 또 쳐도 생크가 나면 말줄임표(……)
입은 있어도 할 말이 없으니까.

상수에 밟히고 하수에 치인 날은 빨간 돼지꼬리
()

빨리 잊고 싶으니까.

쌍점, 또는 콜론(colon)은 '즉, 말하자면, 예를 들면'의 의미로 뒤에 자세한 설명, 강조 등의 구나 절을 유도, 일련의 정보를 열거할 때 사용한다. 뒤땅을 쳐서 샷이 짧아지면 왜 그렇게 됐는지 이것저것 자세하게 설명하고 싶어 하니까 콜론(:)이다.

쌍반점, 꼬리 겹점으로도 불리는 세미콜론(semi-colon)은 문장을 일단 끊었다가 이어서 설명을 더 계속할 경우에 쓰는 문장부호로, 마침표(.)보다는 가볍고 쉼표(,)보다는 무거운 구두점이다. 잘 못 쳐서 OB가 나거나 해저드에 들어간 샷은 1벌타를 받고 다음 샷을 이어가야 하니까 세미콜론(;)이다.

문장 부호중의 하나인 말줄임표 또는 말없음표는 하고 싶은 말을 다 하지 않고 줄이거나 말이 없음을 나타낼 때 쓴다. 생크는 초보골퍼가 흔히 범하는 실수 이기는 하지만 같은 자리에서 똑같은 실수를 반복한다면 유구무언(有口無言), 즉 입은 있어도 할 말이 없으니까 말줄임표(......)다.

중학교 때 독후감을 써내면 국어 선생님이 내가 쓴 글 위에 수 없이 많은 빨간색 돼지꼬리를 그려 놓으셨다. 잘 못 썼거나 쓸데없이 들어간 표현이나 글자를 과감히 날려버리라는, 즉 삭제하라는 표시였다. 그래서 고수한테 밟히고 하수한테 치인 힘든 날은 빨리 잊고 싶어서 돼지꼬리(🔄)다.

24. 백구(白球)의 기도

드라이버샷은 페어웨이에
어프로치샷은 그린 위로
원 또는 투 퍼트로 파나 버디.
가장 조금 얻어맞고
무사 귀가하기를 기도합니다.

나무에 맞고 페어웨이에
카트도로 타고 그린 위로
토핑 난 벙커샷 깃대 맞고 홀인.
어떤 주인을 만나든지
절대 죽지 않게 하소서.

진정 바라옵고 원하옵건대,
제발
1번 홀 티샷에서만은
버림받지 않게 하옵소서.

어느 골프공 제조사가 시장조사를 해보니 국내 로스트 볼은 연간 1억1000만 개로 추정됐고, 연인원 3800만 명이 골프장에 내장해 라운드당 4.5개를 잃어버리고 돌아간다는 것이다. 아무래도 우리나라는 산악지형이다 보니 계곡과 산, 해저드가 많아 미국의 1.5개, 호주의 1.0개보다 훨씬 많다. 잃어버린 볼 10개 중 7개를 해저드로 보내기에 수거율은 90% 정도이며 상태가 좋은 것은 저렴한 가격에 판매되기도 한다.

사단법인 한국아마추어골프협회는 골프장 해저드 로스트 볼 수거를 실시하고 있다. 협회 사회공헌단은 골프공이 자연 분해 되는데 100년에서 길게는 1000년이 걸리며, 골프공의 분해과정에서 중금속 물질 배출 가능성이 있어 환경문제를 일으킬 수 있다는 우려가 있으며 안전장치 없이 해저드에서 공을 수거하다가 익사사고가 발생하는 등 안전에 대한 위협도 도사리고 있음을 설명한 바 있다. 수거한 볼은 기부를 통해 골프유망주 발굴지원 및 사회취약계층, 장애우 등 사회공헌에도 쓰일 예정이다. 협회는 이 취지에 동참하는 골프장에 '사회공헌 활동 기부 골프장' 현판을 제작하여 전달할 계획이라고 한다.

공을 잃어버리지 않을 수는 없다. 하지만, 가장 허망한 것은 라운드를 시작하자마자 첫 번째 티샷한 공이 OB가 나는 경우다. 몸이 덜 풀려서 그렇다고 평계는 대지만 언제부터인가는 조준한 방향보다 약간 왼쪽을 더 보는 버릇이 생겼다.

숲속으로 들어간 공은 찾아보기라도 하지만 물에 빠진 공은 낭패다. 그래서 골프용품 중에는 '볼 리트리버(Ball Retriever)'라는 도구가 있다. 낚싯대처럼 생겨서 한 쪽 끝에 공을 담을 수 있는 그물망이 달려 있어서 워터해저드에 빠진 공을 건져낼 수 있다. 공을 건져내는 것이 폼은 안 나지만 환경과 주머니 사정을 위해서 고려해볼 만하다.

골프장 연못이나 개울 등 수질관리 전문가인 이상진 교수가 라운드 때 마다 강조하는 것은 절대로 공을 건지러 연못에 들어가서는 안 된다는 것이다. 왜? 경사면이 미끄러워 올라오기가 어려워서 빠져 죽으니까. 공이 죽었다고 그 주인까지 따라 죽을 필요는 없다고~!

*이해하기 어려운 골프용어 18

잠정구 Provisional Ball

"잠정구"란 볼이 워터 해저드 밖에서 분실될 염려가 있거나 아웃 오브 바운드가 될 염려가 있을 때 규칙 27-2에 의하여 플레이하는 볼을 말한다.

-27-2 잠정구
 a. 처리 절차
볼이 워터 해저드 밖에서 분실되었을 염려가 있거나 아웃 오브 바운드가 되었을 염려가 있는 경우, 시간 절약 을 위하여 플레이어는 규칙 27-1에 따라서 잠정적으로 다른 볼을 플레이할 수 있다. 플레이어는 다음과 같이 하 지 않으면 안 된다.
(i) 잠정구를 플레이 할 의사를 매치 플레이에서는 상대방, 스트로크 플레이에서는 그의 마커 또는 동반 경기자에 알리지 않으면 안 된다; 그리고
(ii) 플레이어나 그의 파트너가 원구를 찾으러 앞으로 나가기 전에 잠정구를 플레이 하지 않으면 안 된다.

25. 야(野)한 대화
   - 필드에서 한 대화

조: 나는 갖다 대기만 해도 말을 잘 듣던데...
이: 나는 때려도 말을 안 듣네.
조: 힘쓰지 말고 대기만 하라니까.
이: 연장이 달라서 그런 거 아닌가?
조: 하체가 부실해서 그렇지.
이: 내꺼도 대기만해도 될까?
조: 그럼. 그래도 갈 때까지 다가고
    세우고 싶을 때 세운다니까~.
이: 좋겠네. 할 때마다 만족하니~.
조: 아녀~개털이여~.

프로 잡는 아마추어 고수 조회장님과 영문학교수로 정년 퇴임한 이교수님이 필드에서 나눈 대화다. 힘들이지 않고 드라이버 티샷을 날리는 조회장님을 보고 이교수님이 부러운 마음에 이것저것 물어보며 라운드를 돌았다. 조회장님이 구성지게 쓰는 '개털'은 쓸데없는 일이나 행동, 돈이나 뒷줄이 없는 사람이란 뜻이다.

실력 탓, 연장 탓 해가며 36홀 라운드하는 모습을 보며, 한국전쟁 당시 인천상륙작전의 영웅 맥아더 장군(Douglas MacArthur)이 그의 52년 군대 생활의 막을 내리며 미국의회에서 행한 마지막 연설의 한 구절이 떠올랐다.

"Old soldiers never die; They just fade away."
(노병은 죽지 않는다; 다만 사라질 뿐이다)

그 사라진 노병들이 지금 이 골프장 필드 위에서 멋진 전투를 계속하고 있었다. 청춘과 중년의 시기를 가족을 위해 혹은 나라를 위해 희생한 노병들이 이제는 자기 자신만을 위해 온전히 시간을 보내는 모습이 애잔한 감정 속에서도 자랑스러웠다.

그 노병들에게 좀 더 많은 시간이 허락되기를 기도한다.

26. 어긋난 사랑

네 몸에 내 이름을 새긴다.
내꺼라는 표식이며 끝까지 함께하겠다는 맹세다.

너는 집착이 사랑이라고 했지.
네게서 눈을 떼면 안 된다고,
그 순간 떠나버리겠다고.

하지만, 너는 그 긴 시간동안 단 한 번도
내가 원하는 곳으로 가지도,
내가 바라는 곳에 있지도 않았다.

떠나버린 너를 찾지 못 한 것도
네가 아닌 다른 이를 찾은 것도
내게는 너무나 가혹한 형벌.

오늘도 난 다른 이의 몸에 내 이름을 새기며
또 다른 사랑을 시작한다.

골프규칙 6 '플레이어의 책임(Player's Responsibilities)' 중에서 6-5에는 "자신의 올바른 볼을 플레이할 책임은 플레이어 자신에게 있다. 플레이어 각자는 자신의 볼을 식별할 수 있는 표시를 해두어야 한다"고 규정하고 있다. 또한 규칙 15-3에 따르면 오구(wrong ball)를 플레이한 경우 매치플레이에서는 그 홀의 패가 되고, 스트로크 플레이에서는 2벌타를 받고, 그 잘못을 시정하지 않으면 실격 처리된다.

하지만, 한 홀을 끝마친 뒤 A와 B의 볼이 부주의로 서로 바뀌어 그 다음 티잉 그라운드에서 A가 B의 볼을 플레이 했어도 이것은 오구 플레이가 아니어서 두 사람 모두에게 벌은 없다.

오구 플레이를 방지하고 좀 더 공정한 경기를 하기 위해서는 플레이어 각자가 자신의 공에 표시를 하여 동반자들과 서로 확인을 하거나, 첫 번째 티샷을 하기 전에 자신의 공이 어떤 브랜드고 어떤 표시를 했는지를 알려주면 된다.

주말골퍼들의 한결같은 로망은 바로 18홀을 공 하나로 플레이하는 것이다. 하지만, 그것은 싱글 핸디캡퍼에게만 허락되는 야무진 꿈이다.

27. 어제의 내일은 오늘

그대가 헛되이 날려 보낸 이 공은
어제 죽은 공이 그토록 살고 싶어 했던 잠정구다.

돌아갈 수 없는 절망감도
돌아오고 싶은 절실함도
어제의 죽은 공을
오늘에 살려 놓을 수는 없다.

멸망도, 소생도 지금에 달렸으니
어제의 내일이 오늘이다.

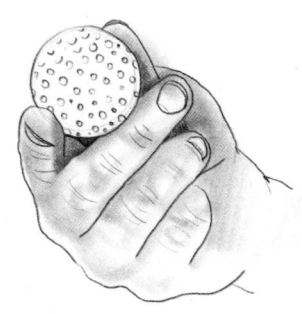

고대 그리스 3대 비극작가중의 하나인 소포클레스 (Sophocles, BC496~406)는 많은 명언을 남긴 것으로도 유명하다.

"내가 헛되이 보낸 오늘 하루는 어제 죽어간 이들이 그토록 바라던 하루이다. 단 하루면 인간적인 모든 것을 멸망시킬 수 있고 다시 소생시킬 수도 있다."

어느 날 한 부자가 자기 아내에게 세상에서 가장 소중한 금이 있으니 그것은 '황금, 소금, 지금'인데 그 중에 '지금'이 가장 소중하다고 하니, 그 아내가 그것들 보다 더 중요한 금이 있다고 하면서 '지금 현금 입금'이라고 했다. 동서양을 막론하고 여자는 결혼한 순간부터 돈에 집착하는 것 같다. 그래서 여자를 '어money, 아주money, 할money'라고 부른다.

황금은 영원히 보존할 수 있고, 소금도 물만 닿지 않는다면 오랜 기간 보존할 수 있지만, 황금으로도 살 수 없고, 소금으로도 지킬 수 없는 것이 바로 지금의 시간이다. 영어 단어 '프레즌트(present)'는 현재라는 의미도 있고 선물이라는 뜻도 있다. 지금 현재가 가장 큰 선물이라는 것이다.

1950년대 단 3편의 영화 <에덴의 동쪽>, <이유 없는 반항>, <자이언트>만으로 영화계를 뒤흔들었던 '제임스 딘

(James Byron Dean, 1931~1955)'은 '영원히 살 것처럼 꿈을 꾸고 내일 죽을 것처럼 오늘을 살아라'는 명언을 남겼다.

오늘 게으름을 피울 수 있는 사람은 자신에게 주어진 시간이 얼마나 남았는지 아는 사람뿐이다. 그걸 모르는 골퍼라면 지금 시작되는 스윙이 내 인생의 마지막 샷인 것처럼 최선을 다해야 하지 않을까?

*이해하기 어려운 골프용어 19

장해물 Obstructions

"장해물"이란 모든 인공물(人工物)로써 도로와 통로의 인공 표면과 측면 그리고 제조된 얼음을 포함한다. 다만 다음의 것은 제외된다.
a. 아웃 오브 바운드를 표시하는 것으로 벽, 담, 말뚝 및 울타리와 같은 물체
b. 아웃 오브 바운드에 있는 움직일 수 없는 인공 물체의 모든 부분
c. 위원회가 코스와 분리될 수 없는 부분이라고 선언한 모든 건조물(建造物)

무리한 노력을 들이지 않고, 플레이를 부당하게 지연시키지 않으며, 손상을 입히지 않고 옮길 수 있는 장해물은 움직일 수 있는 장해물이다. 그렇지 않은 경우는 움직일 수 없는 장해물이다.

주(註): 위원회는 움직일 수 있는 장해물을 움직일 수 없는 장해물로 선언하는 로컬 룰을 제정할 수 있다.

28. 점과 선

티를 꽂은 곳에 점 하나
티샷이 떨어진 곳에 점 하나
세컨드 샷이 멈춘 곳에 점 하나
그리고
그린 위 홀에 점 하나.

그 점들을 이어
선을 긋는다.
그 이어진 선의 길이가
가장 짧은 날이
내 인생의 베스트다.

샷을 해야 하는 골퍼가 캐디에게 항상 하는 질문은 "어디 보고 쳐요?", 그러면 캐디의 답은 "앞을 보고 치세요." 우문현답(愚問賢答: 어리석은 질문에 현명한 대답)이다.

대부분의 골프코스는 공이 가야할 길이 정해져 있다. 골퍼는 공격자이고 코스 설계자는 수비자이기 때문에 공이 가야하는 가장 좋은 곳에는 설계자가 심어 놓은 지뢰가 있다. 그래서 경험 많고 노련한 캐디는 최악의 상황을 피해가고자 가서는 안 될 곳을 알려준다. "오른쪽 소나무 두 그루 보이시죠? 그거 안쪽으로만 치세요. 더 오른쪽은 위험해요." 하지만, 초보골퍼일수록 최악이 아닌 최선의 경우만 생각하며 "어느 쪽이 좋아요?"라고 묻지만 결국 캐디가 경고한 최악의 방향으로 공을 보내곤 한다.

교습가로서는 유일하게 2002년 골프명예의 전당에 오른 미국의 전설적인 골프 교습가 하비 페닉(Harvey Penick)도 "고수는 한 타를 버림으로써 위기를 극복하지만, 하수는 한 타를 아끼려다 위기를 자초 한다"고 했다.

미국의 골프 클럽 중에는 'Trainee, Intermediate, Captain, Honor, Championship' 단계로 캐디등급제를 운영하는 곳이 있는데, 견습생(Trainee)에서 중급자(Intermediate)와 캡틴(Captain)은 1년 정도, 아너(Honor)는 2~3년, 챔피언(Championship)은 적어도 6~10년 정도 걸린다고 한다.

캐디 경력 15년이 넘어서도 일하면서 대학을 졸업한 사랑하는 제자 준희와 유빈이는 챔피언급 캐디다. 그 친구들이 가끔 연구실에 와서 '진상고객'에 대해 얘기하는 것을 들으면 우리나라 골프문화가 더 개선되어야 한다는 생각이 든다. 모든 샷의 결과는 골퍼에게 그 책임이 있고 캐디는 제5의 동반자라는 생각으로 '언니야'보다는 'OO씨'라고 부르며 존중하는 골퍼가 결국 그 날 인생 최고의 스코어를 기록할 것이다.

*이해하기 어려운 골프용어 20

캐주얼 워터 Casual Water

"캐주얼 워터"란 워터 해저드 안에 있지 않으며 플레이어가 스탠스를 취하기 전 또는 취한 후에 볼 수 있는 코스 위에 일시적으로 고인 물을 말한다. 서리(霜) 이외의 눈(雪)과 천연 얼음(氷)은 플레이어의 선택에 따라서 캐주얼 워터 또는 루스 임페디먼트로 취급할 수 있다. 인공 얼음은 장해물이다.
이슬(露)과 서리는 캐주얼 워터가 아니다.

볼이 캐주얼 워터 안에 놓여 있거나 볼의 어느 일부가 캐주얼 워터에 접촉하고 있는 경우 그 볼은 캐주얼 워터 안에 있는 볼이다.

29. 티

없어지면 이리저리 찾고
없어서는 안 될 것을 알면서도
한 번의 쓰임이 지나면
쉽게 버리고
눈에 띄지 않으면 그냥 간다.
500m도 못가서 또 찾을 것을...

무게가 가볍다고
그 존재의 이유도 가볍더냐!

골프 용품 중에 꼭 필요하면서도 제 값을 인정받지 못하는 것이 티(tee)다. 하지만 티샷을 할 때 티가 없다면 많이 당황할 것이다. 초기 골프에서는 방금 홀 아웃한 컵 바로 옆에서 다음 홀 티샷을 했다. 1744년 골프규칙에 따르면 티샷은 홀에서 1클럽이내에서, 1777년 개정된 규칙에서는 4클럽이내, 1875년 규칙에는 8클럽, 다시 12클럽으로 개정되었고, 현재와 같은 별도의 티잉 그라운드(teeing ground)가 만들어 진 것은 1893년부터다.

티샷의 범위는 2개의 티마커(tee marker)를 경계로 하여 뒤쪽으로 2클럽 이내로 제한되어 있으며, 그 구역 밖에서의 플레이는 매치 플레이에서는 벌타 없이 다시 플레이하지만, 스트로크 플레이에서는 2벌타를 받고 다시 플레이해야하며, 시정하지 않으면 실격이 된다.

골프역사 초기에는 현재와 같은 골프 티가 없었기 때문에 티샷을 하기위해서는 주위의 잔디와 흙을 뭉쳐 그 위에 공을 올려놓고 샷을 했다. 조금 더 발전한 골프티가 '샌드 티'다. 젖은 모래를 뭉쳐 그 위에 공을 올려놓고 샷을 했는데, 티샷을 위한 모래를 넣어 두는 박스에서 '티박스(tee box)'라는 말이 생겼다. 처음으로 티를 만든 사람은 치과의사 조지 프랭클린 그랜트로 평평한 나무못 위에 공을 올려놓고 쳤으나, 현대적인 골프티는 윌리엄스 로웰이 1925년 만든 '레디티(Reddy Tee)'였다.

요즈음에는 다양한 재질과 모양, 길이로 만들어 지고 있지만 골프부속규칙 Ⅳ에서 '티의 길이는 4인치(10.16cm)이하로, 플레이 방향을 가리키거나 공의 움직임에 영향을 주도록 디자인되거나 제조되어서는 안 된다'고 규정하고 있다.

어쨌든, 주말골퍼들은 잔디 위에 티를 꽂아 놓고 뿌리가 내리기를 기다리는 동반자는 만나지 않기를 기도해야 한다. 그리고 자신의 티(tee)는 꼭 수거해 가기를… 그렇지 않으면 그대가 '옥에 티'다.

*이해하기 어려운 골프용어 21

티잉 그라운드 Teeing Ground

"티잉 그라운드"란 플레이할 홀의 출발 장소를 말한다. 티잉 그라운드는 2개의 티 마커 바깥쪽 한계(限界)로 전면과 측면이 정해지며 측면의 길이가 2클럽 길이인 직사각형으로 된 구역이다. 볼 전체가 티잉 그라운드 밖에 놓여 있는 경우 그 볼은 티잉 그라운드 밖에 있는 볼이다.

30. The Road Not Taken

로버트 프로스트의 '가지 않은 길'은
골퍼가 가서는 안 되는 길이다.

단풍든 숲속도,
낮은 수풀로 꺾여 내려가는 길도,
발길을 부르는 듯 풀이 무성한 길도.

그래서 시인은,
사람들이 적게 간 길을 택했고
그것이 내 모든 것을 바꾸어 놓았다고
오랜 세월이 지난 후
한숨지으며 이야기 한다.

가지 않은 길

로버트 프로스트

단풍 든 숲 속에 두 갈래 길이 있었습니다.
몸이 하나니 두 길을 가지 못하는 것을
안타까워하며, 한참을 서서
낮은 수풀로 꺾여 내려가는 한쪽 길을
멀리 끝까지 바라다보았습니다.

---[중략]---

오랜 세월이 지난 후 어디에선가
나는 한숨지으며 이야기할 것입니다
숲 속에 두 갈래 길이 있었고, 나는-
사람들이 적게 간 길을 택했다고
그리고 그것이 내 모든 것을 바꾸어 놓았다고.

 '가지 않은 길(The road not taken)'은 미국인들이 가장 사랑하는 시인인 로버트 프로스트(Robert Frost)의 대표적인 시로, 숲속에 난 두 갈래 길을 인생의 선택과 그 결과로 승화 시켰다. 자신이 걸어온 길보다는 가지 않았던 길에 대한 미련이 있음을 알 수 있어서, 동시에 두 길을 갈 수 없는 갈등과 고뇌, 그리고 인간적 한계를 드러낸다.
 이 시에 골퍼를 올려놓으면, 가야만 하는 페어웨이(fairway)를 벗어 난 길이 결국엔 한숨지으며 후회하는 길이 된다는 것을 잘 보여준다.

단풍 든 숲속이나 풀이 무성한 곳에 공이 떨어지면 공이 숨어버려서 찾기가 거의 불가능하며, 낮은 수풀로 꺾여 내려가는 길은 이미 해저드나 OB구역으로 지정되어 있을 것이다. 경기자 또는 자신의 캐디가 공을 찾기 시작한 5분 이내에 발견되지 않거나, 혹은 자기 공인지 확인되지 않을 때는 '분실구(lost ball)'처리하며 1벌타를 받고, 앞서 플레이한 지점으로 가서 다시 플레이를 해야 한다. 이 규칙을 위반했을 경우, 매치플레이(match play)에서는 해당 홀의 패배, 스트로크플레이(stroke play)에서는 2벌타를 받는다.

사람들이 적게 간 길을 택했다는 것은 이미 미스 샷의 결과를 말해주는 것이므로 나오나니 한숨이요 짓나니 눈물이로다. 왜? 그것이 자신의 모든 것을 바꾸어 놓았으니까~.

*이해하기 어려운 골프용어 22

퍼팅 그린 Putting Green

"퍼팅 그린"이란 현재 플레이하고 있는 홀에서 퍼팅을 위하여 특별히 마련된 모든 장소 또는 위원회가 퍼팅 그린이라고 정한 모든 장소를 말한다. 볼의 어느 일부가 퍼팅 그린에 접촉하고 있는 경우 그 볼은 퍼팅 그린 위에 있는 볼이다.

31. 개구(開口)라

침묵은 금이다.
그래서 입을 열면 값이 내려간다.

뒤땅과 생크가
네 입을 열었다.

아무도 묻지 않은,
누구도 궁금해 하지 않는 너만의 비밀.

며칠 전 발을 삐끗했고,
무거운 짐을 옮겨 팔에 알이 배겼고,
전기차를 살 건지 고민 중이라고.

네가 입을 연 순간
네 몸값도
네 스코어도
동반 추락했다.

골퍼들이라면 누구나 공감하는 것 중의 하나가 미스 샷에 대한 자발적인 해설이다. 미국 골프의 영웅 벤 호건은 "미스 샷의 변명은 당신의 동료를 괴롭힐 뿐만 아니라 본인까지도 불행하게 만든다"고 했다.

사전적인 의미를 살펴보면, 설명은 어떤 일이나 대상의 내용을 상대편이 잘 알 수 있도록 밝혀 말하는 것이고, 해명은 까닭이나 내용을 풀어서 밝히는 것이고, 변명은 어떤 잘못이나 실수에 대하여 구실을 대며 그 까닭을 말하는 것이다.

그렇다면 미스 샷이 생겼을 때 가장 먼저 생각해봐야 할 것은 이 행위에 대해서 설명이나 해명 또는 변명할 필요가 있느냐는 것이다. 사전적 의미를 보며 알아챘겠지만 설명을 하려면 상대편이 있어야 하고, 왜 라는 질문이 있어야 해명이 성립하고, 그 실수에 대하여 비난하는 사람이 있어야지만 변명의 필요가 생기는 것이다. '왜 뒤땅을 쳤어?'라고 묻는 사람이 있다면 그 이유를 밝히는 것이 해명이고, 거짓해명은 변명이 되는 것이다.

『승자와 패자(Winners and Losers)』의 저자인 저널리스트 시드니 해리스(Sydney J. Harris)는 "승자는 행동으로 말을 증명하지만 패자는 말로 행동을 변명 한다"고 했다. 이제 말로 하는 변명이 아니라 행동으로 증명하는 골퍼가 되는 것이 옳지 않겠는가?

32. 계약위반

18홀 par72로 계약을 했다.
본전 생각이 나서
par3에서 2개 더,
par4에서 1개 더,
par5에서 3개 더...

그렇게 챙기다 보니
어느새 100개.

오늘도 계약위반이다.
다행히 초과비용은 없다.

골프라운드를 나가면 여유 있는 고수가 열심히 땅 파고 있는 하수에게 하는 말이 있다. 그린피 냈으니까 실컷 파고 가라고~!

뛰어난 카피라이터인 여훈이 쓴 『최고의 선물』에는 실수하는 사람이 실수하지 않는 사람보다 빨리, 깊게 배우고, 쉽게 적응하고, 가장 큰 실수는 실수하기를 두려워하는 것이라는 글이 있다. 두려워서 해보지 않는 것보다는 일단 시도해 보는 것이 낫다고 하지만 정작 그 일이 본인에게 닥치면 갈등하는 것이 당연하다.

승리의 여신 '니케(Nike)'의 날개를 옆에서 본 모습을 형상화한 스우시(Swoosh)는 '휙 하는 소리를 내며 움직이다'라는 뜻을 가진 미국의 스포츠 용품 브랜드 나이키의 로고다. 이 로고와 함께 나이키 브랜드의 핵심 슬로건이 바로 'Just Do It'이다. '그냥 해봐'라는 의미를 가진 이 슬로건은 스포츠가 갖는 도전정신을 압축적으로 표현하고 있다.

똑 같은 그린피를 내고 필드에 나갔다면 실패가 두려워서 안정적인 플레이만 할 것이 아니라 연습장에서만 휘두르던 3번 우드나 3번, 4번 롱 아이언도 시도해 봐야한다. 언젠가는 치게 될 텐데 그 시작이 오늘이면 어떤가? 시간이 흐른다고 그냥 쌓이는 경험은 없다. 아무것도 하지 않아도 그냥 쌓이는 것은 책장 위 먼지와 나이 밖에 없다.

33. 국외자

타인으로 스쳐가던 너도,
내 기억 밖에 살던 너도
그 때는 局外者였다.
하지만,
내가 사랑한 너는,
나를 사랑한 너는
더 이상 局外者가 아니다.

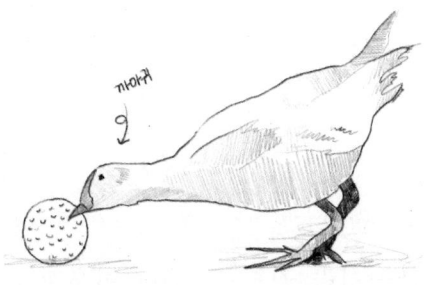

골프에서 국외자(局外者, Outside Agency)란 경기자, 경기자 편에 속한 캐디, 현재 플레이하고 있는 홀에서 경기자 편이 플레이 한 공 또는 경기자 편의 클럽, 백, 카트와 같은 휴대품을 제외한 모든 사람과 사물을 말한다. 즉, 내 편인 사람들과 내게 속한 것들을 제외한 모든 것이 국외자다. 공을 물고 가는 까마귀도, 공에 맞은 갤러리도 국외자지만, 내 것이 될 수 없는 바람과 물은 국외자가 아니다.

규칙 18-1에 의하면 정지하고 있는 공이 국외자에 의하여 움직인 경우 벌은 없으며, 그 공은 다시 제자리에 놓아야 한다. 하지만 플레이어, 자신의 캐디 또는 그들의 휴대품이 볼을 움직인 원인이 된 경우 플레이어는 1벌타를 받는다(18-2). 다만, 볼을 찾거나 확인하다가 실수로 움직인 경우엔 어느 쪽도 벌이 없지만, 볼을 찾는 중이 아닐 때 상대방이나 그의 캐디, 그들의 휴대품이 볼을 움직이게 한 경우에는 상대방은 1벌타를 받는다. 하지만 국외자가 늘 반가운 것만은 아니다. 보지 않고는 믿지 못하겠지만 횡성의 벨라스톤 골프장 까마귀들은 날아가는 골프공도 공중에서 낚아채서 물고가고, 원주의 파크밸리골프장 파4 12번 홀은 '무당홀'이라고도 하는데 코스 옆에 있는 무당집에서 키우는 개가 가끔 공을 물고 사라지는 경우가 있다.

골프규칙은 타인의 실수는 배려하지만, 자신에게는 더 엄격하고 가혹하게 적용된다. 플레이어가 자신이 친 공에 맞거나, 자기 캐디나 백에 맞으면 1벌타를 받고 공이 멈춘 자리에서 그대로 쳐야 한다.

요즘 한국사회, 특히 정치권에서는 '내로남불' - 내가 하면 로맨스, 남이 하면 불륜 - 이라는 말이 유행어처럼 쓰인다. 주로 남이 할 때는 비난하던 행위를 자신이 할 때는 묵인하거나 미화하는 것으로, 공정한 원칙의 적용이 권력관계에 따라 심하게 왜곡되는 세태를 반영하고 있는 말이다.

이런 양반들이 골프규칙을 알고 라운드를 나가면 좀 달라지려나 ~?

*이해하기 어려운 골프용어 23

포어캐디 Forecaddie

"포어캐디"란 플레이하는 동안 볼의 위치를 플레이어에게 가르쳐 주기 위하여 위원회가 배치한 사람을 말하며 그는 국외자이다.

34. 드롭(Drop)

네게 너무 가깝지는 않지만
너로부터 항상 가까운 곳에서,
한 두 걸음 또는 더 멀리 뒤에서,
어깨 높이까지 한 숨을 쌓아 놓고
멀어지는 네 모습을 보고만 있다.

골프규칙 20-2에서는 드롭(drop)과 재드롭(Re-Dropping)에 대하여 규정하고 있다. 드롭할 때 어느 정도의 구제를 받는가는 상황에 따라 달라서 벌타를 받지 않는 프리 드롭은 클럽 한 개 길이 이내의 여유 공간이 주어지고, 페널티 드롭은 두 클럽 길이가 된다. 상황에 따라 약간의 차이는 있지만 일반적인 드롭의 원칙은 홀보다 가깝지 않고, 공으로부터 가까운 곳에서, 1~2클럽 또는 거리제한 없이 직 후방에서, 똑 바로 서서 공을 어깨 높이까지 올려서 팔을 완전히 편 채로 해야 한다.

    골프 역사 초기에는 드롭에 관한 특별한 규정이 없었다. 1744년 에딘버러에서 제정된 규칙 제8조에 '공을 분실했을 경우 마지막 친 장소로 되돌아가 다른 공을 드롭하여 플레이하라' 라고 되어 있지만 드롭의 방식은 명기되지 않았다.

    1809년 처음으로 '플레이하는 홀을 향해 서서 머리너머 후방으로 하라'고 방법을 명시했지만, 골퍼들에 따라서 머리너머, 어깨너머 제 각각의 방식이 시행되다가 1908년 어깨너머로 바뀌었고, 골프규칙이 크게 변경되었던 1984년 어깨 높이로 팔을 펴서하는 간단한 방식이 되었다. 하지만, 자기 눈으로 공의 낙하를 확인하게 되면서 공이 놓일 라이(lie)를 어느 정도 선택할 수 있는 여지가 생겨 드롭의 의미가 약화된 점도 있다.

35. 바닥 물고기

호수 깊은 바닥에는
물고기가 산다.

죽어도 떠오르지 않는
호수바닥에 사는 물고기들

미안해서
부끄러워서
노여워서
모습을 감추는 물고기들

버리고 간 주인이 떠나도
떨어진 그곳에서
천년을 기다린다.

워터해저드(water hazard)가 없는 골프장은 없다. 내가 친 공이 물속에 빠졌다고 속상해할 것 없다. 그곳에 가보면 수많은 선배, 동지들이 먼저 일을 벌여놓았으니~.

골프장의 워터 해저드에 빠진 공을 주우러 들어갔다가 익사한 사건이 종종 보도되고, 로스트볼 팔아서 부자가 된 사연도 있다. 미국의 잠수부 글렌 버거는 미국 플로리다 주에 있는 34개 골프장과 계약을 맺고, 14년 동안 골프장내 워터해저드에 빠진 볼을 건져 올려 드라이빙 레인지에 개당 1달러에 팔아서 약1500만 달러(약 170억 원)의 수입을 올렸다고 한다.

미국 '골프다이제스트'에서 헤드스피드 시속 1백50km인 '로봇 스윙머신'으로 물먹은 공의 비거리를 실험한 적이 있다. 물속에 오래 잠겨있던 볼일수록 비거리 감소가 뚜렷했다. 6개월 묵힌 3피스볼과 2피스볼은 각각 새 볼보다 평균 14m, 10m나 비거리가 줄어들었다. 싼 맛에 '재생볼'을 썼다가 내기에서 공 값의 몇 배를 잃을 수도 있다.

골프공 종류는 코어와 커버가 몇 겹인가에 따라 2피스, 3피스 등으로 나누어지는데, 제조회사에 따라 그 특징이 다양하다. 일반적으로 2피스 공은 주말골퍼들이 많이 사용하는데, 탄도가 높고 회전량이 적어 거리가 많이 나고 런도 많다. 하지만 3피스나 4피스에 비해 상대적으로 컨트롤이 어렵다. 아마추어 고수나 프로들이 사용하는 3피스 공은 두

겹의 커버로 인해 컨트롤과 방향성이 뛰어나고, 투어 프로용으로 개발된 4피스 공은 드라이브샷을 할 때는 회전량을 줄여 비거리를 늘리고 숏아이언 샷에는 거꾸로 회전량을 증가시켜 컨트롤과 방향성을 높인 고난도의 공이다.

    골프공을 선택할 때는 자신에게 맞는 제품을 찾는 것이 가장 중요하지만, 연습장도 가지 않고 가끔 필드에 나가서 짜장면 한 그릇 값의 공을 홀마다 잃어버리는 주말골퍼에게는 모두 똑같아서 죽은 공과 죽지 않은 공, 두 가지로 분류될 뿐이다. 아마추어 골퍼에게 좋은 공이란 내가 사지 않고 선물 받은 공, 죽은 줄 알았는데 살아 있는 공, 특히나 18홀 one-ball 플레이를 하게 해 준 공이다.

*이해하기 어려운 골프용어 24

홀 Hole

"홀"의 직경은 4.25인치(108mm)이어야 하며 깊이는 4인치 (101.6mm) 이상이어야 한다. 원통을 사용할 경우 그 원통은 토질이 허용하는 한 퍼팅 그린 면에서 적어도 1인치 (25.4mm) 아래로 묻어야 한다. 또 원통의 외경(外徑)은 4.25인치(108mm)를 초과해서는 안 된다.

36. 방명록

에펠탑에 가도 앙코르 와트에 가도
다녀간 흔적을 위해 이름을 남긴다.

버려야할 악습이다.

결혼식과 장례식에도 돌잔치와 팔순잔치에도
이름석자 잊지 말라고 이름을 남긴다.

갚아야할 채무다.

골프장엔 방명록이 없다.
그래서 큰 소나무 너머에 하나, 연못에 두 개
내 이름 적힌 공을 두고 왔다.

반드시 고쳐야할 미친 짓이다.

'방명록'은 어떤 일에 참여하거나 찾아온 사람들을 특별히 기념하기 위하여 그 사람들의 이름을 적어 놓는 기록, 또는 그 책을 말한다. 기록으로 남기 때문에 대통령과 같은 중요 인사들은 방명록의 글귀를 미리 준비해야한다. 2004년 가을 베트남 하노이를 방문했던 노무현 대통령은 공식 일정이 없던 날 저녁 '황제'라는 식당에서 대통령내외가 식사를 했다고 한다. 식사를 마친 후 떠나려는 대통령에게 매니저가 갑작스럽게 방명록을 내밀었고, 대통령은 잠시 생각하더니 "하노이에서 잠시 황제가 되었습니다."라고 방명록에 서명을 했다. 준비되지 않은 문구였지만 식당의 이름을 활용한 기막힌 재치였던 것이다.

박근혜대통령 탄핵으로 치러진 2017년 5월 19대 대통령 선거에 나선 후보들이 국립4.19민주묘지를 찾아 참배를 한 후 남긴 방명록의 글귀를 보면 각 후보들의 정치성향을 짐작할 수 있다. 문재인 후보는 방명록에 '촛불로 되살아난 4.19 정신 정의로운 통합으로 완수하겠습니다'라고 적었고, 안철수 후보는 '4.19 정신 계승하여 국민이 이기는 대한민국 만들겠습니다'라고 적었다. 바른정당 유승민 후보는 '4.19 정신을 이어받아 정의로운 민주공화국 건설에 신명을 바치겠습니다'라고, 홍준표 후보는 '이 땅에 민중주의가 아닌 민주주의를!'이라고 적었다.

41.1%의 득표로 2017.5.10. ~ 2022.5.9. 임기를 시작한

문재인 대통령이 한미정상회담을 위해 미국을 방문한 2017년 6월 29일 백악관 방명록에 '대한미국'이라고 쓴 사실이 알려지며 논란이 됐다. 문 대통령은 백악관에서 도널드 트럼프 미국 대통령과의 만찬에 앞서 방명록에 "한미동맹, 평화와 번영을 위한 위대한 여정!"이라고 쓴 후 하단에 '대한미국 대통령'이라고 실수를 한 것이다. 설마 미국을 흡수합병 하려는 의도가...

자신이 방문한 골프장에 자기의 이름을 남기려고 방명록이 없다는 핑계로 이름이 적힌 골프공을 놓고 오지 않아도 된다. 골프장 카운터에 이름과 전화번호를 남기면 원하지 않아도, 부탁하지 않아도 매일 오전 9시 반에 문자가 날아와서 그 골프장의 방문고객임을 확인받을 수 있다. 또 와 달라는 부탁과 함께~!

*골프규칙 위반에 대한 벌타 1

1-2. 볼의 움직임이나 자연적 상태의 변경에 영향을 미치는 행동
Exerting Influence on Movement of Ball or Altering Physical Conditions
플레이어는
(i)인 플레이 볼의 움직임에 영향을 줄 의도로 어떤 행동을 하거나
(ii)한 홀의 플레이에 영향을 미칠 의도로 자연적 상태를 변경시켜서는 안 된다.

* 규칙 1-2의 위반에 대한 벌은
  매치 플레이 - 그 홀의 패, 스트로크 플레이 - 2벌타.

37. 벙커(Bunker)

뜨거운
하얀 가슴에 안겼다.

두 발 끝에 힘주고
함부로 손대지 못할 너를 바라보다
나는,
사랑의 흔적을 남겼다.

한 번의 비장함,
두 번의 당황,
세 번의 좌절.

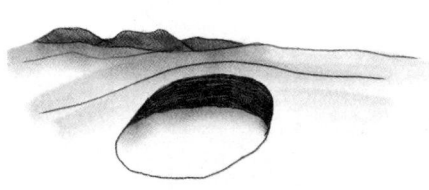

그렇게도 떠나기 싫어
네 안에서 몸부림을 쳤다.

골프에서 해저드(Hazard)는 '벙커(Bunker) 또는 워터해저드(water hazard)'를 말한다. '위험, 모험'이란 의미의 '해저드'란 말에서 추측할 수 있듯이 모래로 채워져 있는 장애구역인 벙커는 들어가면 한 번에 빠져나오지 못하는 경우가 많기 때문에 아마추어 골퍼에게는 '공포의 대상'이다.

벙커는 모래의 폭발력으로 탈출한다고 하지만 그 모래를 조심하지 않으면 정말 큰 일이 생긴다. 벙커에서는 클럽이 모래에 닿거나 손으로 모래를 만져도 안 되고, 벙커 안에 있는 돌, 나뭇잎, 나뭇가지 같은 고정되어있지 않은 자연물에 접촉해서도 안 된다. 위반 시에는 2벌타다.

골프장에는 왜 벙커가 있을까? 그건 골프의 역사와 관계가 있다. 일반적으로 해안의 '모래펄'이라는 의미의 링크스(links)가 골프장이란 명칭이 된 것은 초창기 스코틀랜드의 골프가 해안과 육지를 연결해주는 중간지대이며 쓸모없는 모래 퇴적지대인 링크스랜드(linksland)에서 시작되었기 때문이다. 벙커(bunker)는 '군인들의 지하 엄폐호, 배나 집 밖에 있는 석탄 저장고'라는 뜻인데, 골프장에 파놓은 모래 장애물의 뜻으로도 사용되기 시작했고, 현대에는 해안가가 아닌 내륙의 산지에 조성되는 골프코스에도 골프 발달 초기의 역사가 담긴 모래 벙커를 만들고 있다.

초록의 코스위에 하얀 가슴을 닮은 벙커의 유혹에 빠지면 헤어나기 어렵다. 고수가 아니라면 피하는 게 상책이다.

38. 변명

한 번의 스윙에
하나의 고민을 날린다.

아내와의 말싸움은 par3에서 정리,
직장에서의 갈등은 par4에서 해결,
하지만
내 미래에 대한 상념은 par5에서도 보류.

18홀 80타, 90타를 지나도
끝나지 않는 생각의 고리에
오늘도 100타를 넘어선다.

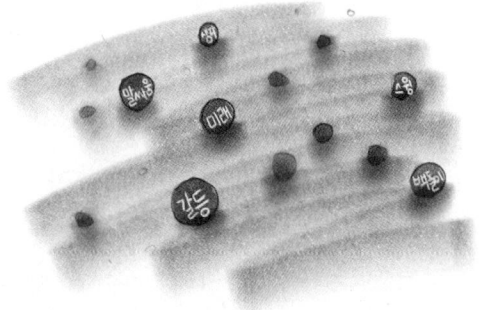

'백돌이'는 골프를 시작했지만 90대 타수로 들어서지 못하고 100타 이상을 치는 골퍼를 부르는 별칭이다. 대한골프협회가 경희대 골프산업연구소에 의뢰해 만든 `2014 한국 골프지표 조사 보고서'에 따르면 2014년 기준 국내 골프인구는 531만명으로, 이는 직전 조사 시기인 2012년 470만명보다 61만명이 늘어난 수치이며 미국(2500만명), 일본(900만명), 영국(800만명), 캐나다(580만명) 다음으로 많아 세계에서 다섯 번째 규모다.

하지만, 우리나라 골퍼의 1/3정도인 일명 '백돌이'가 골프산업에서 차지하는 비중은 가히 로마시대의 노예(?) 수준이다. 7번 아이언만 주면 소도 때려잡을 정도로 힘만 세다는 모욕을 당하면서도 온갖 게임에서 꼴찌를 하며 세상의 모든 골퍼들을 먹여 살린다. 이분들이 없으면 골프공 제조사들이 파산하고, 전국의 캐디가 캐디피를 못 받아서 실직자가 될지도 모른다고 할 정도니 국가산업발전에 기여한 공적이 뚜렷한 자에게 수여하는 훈장 중에서 동탑산업훈장이라도 수여해야할 정도다.

100대 타수의 골퍼가 세계랭킹 1위와 결혼을 해도 신혼여행 다음 날 90대, 80대를 칠 수 는 없다. '백돌이'라는 불명예를 씻고 완전한 90대, 즉 보기플레이어(파72+18=90)가 될 수 있는 방법을 한국여자프로골프(KLPGA)투어 통산 6승을 기록하고 여자골프국가대표 코치를 역임한, 요즈음은 두 아들의 야구선수 뒷바라지에 바쁜 한국골프대학교 박현순 교수가 알려주었다.

　먼저, 드라이버 티샷은 멀리 치려고 하지마라. 10m 더 보내려다가 10만 원 더 잃는다. 연습장거리의 80%만 보내려고 해라.
둘째, 파3 2온, 파4 3온, 파5 4온 해라. 머릿속에서 버디는 지워버리고, 목표는 보기고 운 좋으면 파다.
셋째, 짧은 거리의 어프로치샷은 30m만 연습해라. 고수들처럼 10, 20, 30 정교한 연습은 90대 타수의 골퍼가 되고나서 해도 된다. 30m 거리의 온그린 연습만으로도 충분하다.
넷째, 띄우지 말고 굴려라. 뒤땅으로 철퍼덕거리며 눈물 흘린 적이 한 두 번이더냐? 띄워서 세울 생각 버리고 낮은 자세로 포복해라.
마지막으로, 1퍼트로 홀아웃 하려고 하지마라. 목표는 2퍼트다. 그래야만 쓰리퍼트에 가슴 치지 않는다.

　그리고 한마디 더!
"목표타수를 치는 법을 알려 드릴까요?" '예'라고 했더니, "원하는 스코어만큼 치면 그만 쳐라~!" 하하하~!

*골프규칙 위반에 대한 벌타 2

4-4. 클럽은 14개가 한도 Maximum of Fourteen Clubs
a. 클럽의 선정과 추가
플레이어는 14개보다 더 많은 클럽을 가지고 정규 라운드를 출발해서는 안 된다. 플레이어의 클럽은 그 라운드를 위하여 선정한 클럽에 한정된다. 다만 플레이어가 14개미만의 클럽을 가지고 시작한 경우 합계 14개를 넘지 않는 한 몇 개라도 추가할 수 있다.

b. 파트너들 사이 클럽의 공용
파트너들은, 그 파트너들이 휴대한 클럽 수가 합계 14개를 초과하지 않으면, 클럽을 공용할 수 있다.

규칙 4-4a 또는 4-4b의 위반의 벌은
휴대한 클럽의 초과수에 관계없이
매치 플레이 - 규칙위반이 있었던 각 홀에 대하여 1라운드
　　　　　　에 최고 2개 홀까지 패!
스트로크 플레이 - 규칙 위반이 있었던 각 홀에 대하여
　　　　　　2벌타, 1라운드에 최고 4타까지!

39. 선택

숙부에 대한 햄릿의 복수지연은
망설임이다.
머리 위 사과를 겨냥한 빌헬름 텔의 숨죽임은
신중함이다.

햄릿의 망설임은
사랑하는 연인, 어머니 그리고 자신도
죽음에 이르게 했다.

빌헬름의 신중함은
오스트리아의 지배를 끝내고
스위스의 독립을 이루게 했다.

어드레스를 취한 그대여!
그대의 긴 호흡은
망설임인가, 신중함인가?

《햄릿》은 《오셀로》, 《리어왕》, 《맥베스》와 더불어 영국의 극작가 셰익스피어의 4대 비극중의 하나이다.

덴마크의 국왕이었던 자신의 아버지를 죽이고 어머니를 차지한 숙부 클로디어스에 대한 '복수지연'은 그의 어머니, 재상 폴로니어스, 그의 연인 폴로니어스의 딸 오필리아, 폴로니어스의 아들 레어티스를 죽게 했고, 햄릿 자신도 독을 바른 칼에 맞아 최후의 순간에 그 칼로 왕을 죽인 후 숨을 거둔다. 결국 행동으로 옮기기까지의 많은 생각들에서 비롯된 '망설임'이 이 희곡을 비극의 대표작이 되게 한 것이다.

이에 비해, 만유인력의 법칙을 발견한 뉴턴의 사과와 함께 역사를 바꾼 사과에 자주 언급되는 빌헬름 텔은 자신의 아들 머리 위에 올려진 사과를 맞히기 위해 신중하게 활시위를 당긴다. 신중한 목표조준과 과감한 발사는 결국 오스트리아 합스부르크가의 지배를 끝내고 스위스의 독립을 이루는 도화선이 된다.

골프 클럽을 쥐고 공 앞에서면 더 이상의 생각이나 망설임은 없어야 한다. 공이 놓여있는 라이(lie)를 보고, 목표지점과 자신의 몸을 정렬(alignment)하고, 원하는 샷에 맞는 스탠스(stance)를 취하고 공을 칠 준비(address)가 되었다면 그것으로 끝이다. 어드레스는 골퍼가 스윙을 하기 전에 취하는 마지막 자세다. 그 이상의 생각은 신중함이 아니라 망설임이며, 그 망설임은 비극적인 결과를 가져온다.

40. 수리지

너의 잘 못을 모두 안아주는
그리고
다시 일으켜 세워주는
나는 너의 수리지.

이런 저런 표시가 없어도
네 것이라 말하지 않아도
전부가 아닌 발끝만 걸려도
네게 다시 기회를 주는
나는 너의 수리지.

그런 나를 잊는다면
나는 매일 술이지.

골프규칙 2장 '용어의 정의'에 의하면 '수리지(Ground Under Repair)란 위원회의 지시에 의하여 수리지로 표시되거나 위원회로부터 그 권한을 위임받은 사람에 의하여 수리지로 선언된 코스의 일부 구역'을 말한다.

　수리지에는 그 표시가 없어도 다른 곳으로 옮기기 위하여 쌓아 놓은 물건과 그린 키퍼가 만든 구멍이 포함된다. 하지만, 다른 곳으로 옮길 의사 없이 방치되어 있는 깎아 놓은 풀과 기타 코스 위에 남겨 놓은 물건은 그 표시가 없는 한 수리지가 아니다.

　수리지를 표시하는 말뚝은 장해물이고, 수리지의 한계가 말뚝이나 선으로 지상에 정해져 있을 때, 말뚝과 그 선 자체는 수리지 안에 있는 것이다. 공이 수리지 안에 놓여 있거나 공의 일부라도 수리지에 접촉하고 있는 경우 그 공은 수리지 안에 있는 공이다.

　공이 수리지에 멈추거나 수리지와 인접해 있어서 스윙을 하거나 스탠스를 취하는데 방해가 된다면 공에서 가깝고, 홀에 근접하지 않으며, 수리지를 피한 구제지점을 정하고, 그 지점에서 홀에 가깝지 않은 곳으로 한 클럽 길이 내에서 무벌타 드롭을 하면 된다. 드롭한 공이 수리지 밖에 멎었지만 스탠스가 수리지 안에 걸린다면 재드롭해야 한다.

　자신의 실수를 뭐든지 다 받아주고 용서하며 다시 재기할 수 있는 기회를 줄 수 있는 것은 신과 부모님 밖에 없다.

그 은혜를 자식들이 몰라주면 속상한 마음에 술 한 잔 하시는 거다.

골프장에서도 마시는 술의 종류에 따라 맥주를 마시면 맥이 풀리고, 막걸리를 마시면 막 치고, 정종을 마시면 정신 없어지고, 소주를 마시면 소심해진다는 주당 고수의 말씀이...

하지만 골프를 사랑하는 골퍼들이라면 이 음주문화에 대하여 한번쯤 생각해 보아야 한다. 10여 년 전 전라도 지방의 어느 골프장에서 음주 골퍼가 휘두른 드라이버에 맞아 클럽을 받으러 가던 캐디가 사망한 사고가 있었고, 타구사고, 카트낙상사고, 익사사고 등 음주로 인한 사고가 종종 언론에 보도 된다. 그렇지 않아도 TV나 드라마에서 골프채가 흉기로 등장하는 장면이 많아서 부정적인 이미지가 늘어나는 마당에 음주골프로 인한 사고까지 이슈화 된다면 골프장에서의 주류 판매는 금지되고 티박스에 음주측정기가 등장할 지도 모른다. 그런 일이 생기지 않도록 기분 좋게 마시는 맥주 한두 잔의 즐거움을 위해 골퍼들 스스로가 조심해야할 것이다.

*골프규칙 위반에 대한 벌타 3

'규칙5: 볼'에 대한 벌타

규칙 5-1(R&A에서 발행한 현행 적격 골프 볼 목록에 등재된 볼), 5-2(그 성능을 변경할 목적으로 이물질을 볼에 부착해서는 안 된다) 위반에 대한 벌은 - **경기 실격**

5-3(플레이에 부적합한 볼 Ball Unfit for Play)을 확인하기위해 마커나 동반 경기자에게 통보 없이 볼을 집어 올리거나 집어 올린 볼을 닦을 경우

매치 플레이-그 홀의 패
스트로크 플레이-2벌타

홀의 플레이 중에 플레이에 부적합하게 되었다고 생각되는 이유가 없는데 볼을 집어 올린 경우 - **1벌타**

41. 숫자놀이

일이(1,2)는 가볍고
이사(2,4)는 감당하겠지만
오장(5,10)은 너무 무겁다.
삼육(3,6)을 잊은
친구(7,9)여~.

골퍼들 사이에서 많이 알려진 말 중에 "60대를 치는 골퍼는 나라를 먹여 살리고, 70대는 가정을 먹여 살리고, 80대는 골프장을 먹여 살리고, 90대는 친구들을 먹여 살리고, 100대를 치는 골퍼는 골프공 회사를 먹여 살린다"는 말이 있다. 요즘 LPGA나 JLPGA를 주름잡는 우리나라 여자프로 골퍼들처럼 미국과 일본의 우승상금을 싹쓸이해서 나라경제에 보탬이 되는 골퍼가 있고, 하수들 돈을 따서 살림살이가 나아지는 70대, 골프장 사장보다 골프장을 더 자주 가서 골프장 직원들을 먹여 살리는 80대, 허구한 날 돈을 잃어 친구를 먹여 살리는 90대, 계속해서 백돌이 신세인 계백장군 100대는 라운드 한 번에 한 더즌씩 공을 잃어버려 골프공 제조회사를 먹여 살린다.

외국의 골퍼들도 내기를 하지만, 우리나라 골퍼들만큼 내기 골프를 좋아하는 민족도 드물 것이다. 최근엔 스크린 골프장의 확산으로 필드에 나가지 않고도 쉽게 라운드를 할 수 있어서 내기문화는 더 성행하고 있다.

가장 많이 하는 내기방식은 타당 단가를 정해놓고 타수의 차이만큼 돈을 주고받는 스트로크방식과 일정한 금액을 내놓고 홀마다 가장 적은 타수를 친 사람이 상금을 빼가는 스킨스방식이 있다. 포볼(Four-ball)처럼 팀을 이뤄서 하는 라스베이거스는 스킨스방식의 일종으로, 전홀 타수 1위와 4위, 2위와 3위가 팀이 되는 방식이고, 21세기에는 모 골프공회사 회장이 전국 골프장에 뿌린 몇 십만 개의 뽑기 통 때문에 스킨스에 '뽑기'란 게 나타났다.

R&A와 USGA가 제정한 아마추어자격규칙(Rules of Amateur Status)의 부속규칙에 나오는 도박에 대한 방침(Policy of Gambling)은 '인정될 수 있는 도박의 형태'를 이래와 같이 규정하고 있다.

- 일반적으로 플레이어들이 서로 잘 알고 있는 사이다.
- 그 도박이나 내기는 본인이 선택적으로 할 수 있으며 그 플레이어에 한정되어 있다.
- 플레이어들이 받는 돈의 유일한 출처는 플레이어들이 미리 내어놓은 돈이다.2
- 그 행위에 관련된 돈의 액수가 통상적으로 과도한 것으로 생각되지 않는다.

따라서 비공식적인 도박이나 내기는 그 목적이 즐기기 위한 것이며 재정적 이익을 위한 것이 아니면 인정될 수 있다.

골프 라운드 동안 하는 내기는 경기에 긴장감을 주어 샷에 집중할 수 있는 긍정적인 효과도 있지만, 판돈이 커지면 도박으로 변질되어 신사의 스포츠인 골프 이미지를 추락시킬 수도 있음을 유의해야 한다. 앞으로 내기는 캐디피와 식사 값 정도의 범위로 약속~!

*골프규칙 위반에 대한 벌타 4

'규칙6: 플레이어'에 대한 벌타

6-3. 출발 시간과 조(組) 편성
  6-3a(출발 시간):
  자신의 출발 시간 후 5분 이내 출발 지점에 도착하면
  매치 플레이- 1번 홀의 패,
  스트로크 플레이- 1번 홀에서 2벌타
  그 시간 이상은 경기 실격이다.
  6-3b(조 편성) 위원회가 변경을 승인 또는 추인하지 않는 한 위원회가 정한 조 편성대로 라운드를 하지 않으면
  경기 실격

6-6 스트로크 플레이의 스코어 기록
  6-6d(홀에 대한 스코어 오기)
     :더 적게 제출한 경우 - **경기실격**
     :더 많게 제출한 경우 - **그 스코어 그대로 채택**
예외: 경기자가 규칙위반을 몰라 벌타를 포함시키지 않아서 실제 타수보다 적은 스코어를 제출한 경우 적용규칙에 정해진 벌을 받고 2벌타를 추가한다.
*스코어 합산과 스코어 카드에 기록된 핸디캡의 적용에 대하여 책임은 플레이어가 아닌 위원회가 진다.

6-7 부당한 지연; 느린 플레이
매치플레이-첫 번째, 두 번째 위반은 **홀 패**, 그 이후 **실격**
스트로크플레이-첫 번째 **1벌타**, 두 번째 **2벌타**, 그 후 **실격**

42. Wishing Well

로마의 휴일에서 오드리 헵번은
트레비분수에 동전을 던진다.
한번 던지면 로마에 다시 오고,
두 번 던지면 사랑이 이루어지고,
세 번 던지면 그 사람과 결혼 한다는 전설이 있다.

골프장마다 워터해저드가 있어서
공을 빠트리면 소원을 들어준다.
한 번 빠지면 보기,
두 번 빠지면 트리플,
세 번 빠지면 더블 파.
문제는 동반자들의 소원을 들어준다는 것이다.

사랑의 소원도
해저드의 소원도
그 소원이 이루어지면
아파하는 사람이 있다.

동전을 던지며 소원을 비는 우물을 '위싱 웰(wishing well)'이라고 한다. 신문기자역의 그레고리 펙(조 브래들리)과 작은 왕국의 공주역인 오드리 헵번(앤 공주)이 출연한 1955년 개봉작 '로마의 휴일(Roman Holiday)'에는 앤 공주가 동전을 던지는 트레비분수가 나온다.

이탈리아 로마의 명물 트레비 분수에 던져진 동전이 2016년 한 해 동안 약 140만 유로(약 17억원)에 이른 것으로 집계됐다고 하니 이루고 싶은 소원을 가진 사람들이 참 많은가 보다. 이 돈은 가톨릭 자선단체 카리타스에 기부되어, 빈곤 가족에게 무료로 식료품을 나눠주고, 노숙자를 위한 급식소와 난민 쉼터 등을 운영하는 데 사용된다고 한다.

이 영화에 나오는 명대사가 하나 있다.

"삶이란 것이 언제나 뜻대로 되는 것은 아니다
(Life isn't always what one likes).'

골프가 인생을 닮았다고 하는 이유 중의 가장 큰 것은 바로 자기 뜻대로 되지 않을 때가 많아서 일 것이다. 요즈음 대부분의 골퍼들이 사용하는 바든그립(오른손 새끼손가락을 왼손 집게손가락에 포개는 오버래핑그립)의 창시자인 영국의 유명한 프로골퍼 해리 바든(Harry Vardon)은 "골프는 아침에 자신감을 줬다가도 저녁에는 실망을 하게 하는 게임"이라고 했다. 아침저녁은 고사하고 홀마다 다르고 샷마다 차이가 생기는 변화무쌍한 변화가 24시간을 매일 다르게 사는 우리들의 삶과 닮아있다.

또한, 2016년 '세계 골프 명예의 전당'에 헌액된 영국의 골프 평론가 헨리 롱허스트(Henry Longhurst)도 "골프를 보면 볼수록 인생을 생각하게 되고, 인생을 보면 볼수록 골프를 생각하게 된다"고 했다.

*골프규칙 위반에 대한 벌타 5

'규칙7: 연습'에 대한 벌타

7-1. 라운드 전 또는 라운드와 라운드 사이의 연습
b. 스트로크 플레이
경기자는 스트로크 플레이 경기가 있는 어느 날이라도 라운드 전 또는 플레이오프 전에 경기가 있을 코스에서 연습하거나, 퍼팅 그린 면에서 볼을 굴리거나, 퍼팅 그린 면을 문지르거나, 긁어서 그 코스의 퍼팅 그린 면을 **테스트해서는 안 된다.**
예외: 라운드 또는 플레이오프 출발 전에 첫 번째 티잉 그라운드 위에서나 그 근처 또는 어느 연습 지역에서도 연습 퍼팅 또는 연습 칩핑은 허용된다.

규칙 7-1b의 위반에 대한 벌은 - 경기 실격

7-2. 라운드 중의 연습 During Round
플레이어는 한 홀의 플레이 중에 연습 스트로크를 해서는 안 된다. 홀과 홀 사이에서도 연습 스트로크를 해서는 안 된다.
*승패의 결과가 결정된 뒤 그 홀에서 플레이를 계속하면서 한 스트로크는 연습 스트로크가 아니다.

규칙 7-2의 위반에 대한 벌은
매치 플레이 - 그 홀의 패, 스트로크 플레이 - 2벌타.

43. 이름은 달라도

피치샷, 칩샷, 펀치샷
이름은 달라도
내게는 모두 어려운 샷!

플롭샷, 로브샷, 페더샷
내용은 같지만
내게는 모두 불가능한 샷!

청크샷, 더프샷, 팻샷
이름은 달라도
내게는 모두 뒤땅치기!

골프백에는 14개의 클럽이 들어있다. 그 구성을 3가지로 구분하면 우드(wood), 아이언(iron), 퍼터(putter)이고, 4가지로 구분하면 아이언에서 웨지(wedge)를 떼어내면 된다. 골퍼의 능력과 취향에 따라 다르지만 가장 일반적인 배열은 1번(드라이버), 3번, 5번의 우드 3개, 3번~9번의 아이언 7개와 3개의 웨지, 그리고 퍼터 1개다.

골프클럽의 제조사에 따라 페이스 각도와 샤프트의 길이가 차이가 있지만, 로프트(loft)는 30~34도 7번 아이언 기준으로 3, 4번 롱아이언은 3도 정도씩 줄어들고, 미들아이언과 숏아이언(8, 9번)은 4도 정도씩 늘어난다. 로프트가 클수록 공의 탄도가 높고 비행거리는 짧아진다.

골프클럽으로 만들어 내는 샷의 종류는 매우 다양하다. 오른손잡이 골퍼가 의도적으로 오른쪽으로 출발해서 왼쪽으로 휘게 치는 드로우(draw), 그 반대인 왼쪽에서 오른쪽으로는 휘는 페이드(fade), 하지만 의도하지 않았는데 잘 못 쳤을 경우에는 훅(hook)과 슬라이스(slice)가 된다.

그린을 공략하는 짧은 어프로치샷은 공을 띄워서 낙하 후 적게 구르게 하는 피치샷(pitch shot)과 높이 띄우지 않고 공을 굴려서 핀을 공략하는 칩샷(chip shot)이 대표적이고, 펀치샷(punch shot) 또는 넉다운샷(knock-down shot)은 공의 탄도를 낮추고 강한 스핀으로 그린에 떨어지면 조금 구르다가 스핀의 영향으로 멈추도록 끊어 치는 샷으로,

맞바람이 세거나 나무 등의 장애물 아래쪽으로 목표를 공략하는 컨트롤 샷이다.

플롭샷(flop shot), 로브샷(lob shot), 페더샷(feather shot)은 공을 가파르게 높이 띄워 낙하 후 공이 멈추게 하는 샷으로 고수들만이 구사할 수 있는 샷이다. 반면에 청크샷(chunk shot), 팻샷(fat shot), 더프샷(duff shot)은 일명 삽질이라고 하며, 공은 건들이지도 못하고 뒤땅만 깊이 파내서 샷을 한 사람을 굉장히 당황스럽고 창피하게 만드는 샷으로서 하수 골퍼들의 단골 메뉴다.

*골프규칙 위반에 대한 벌타 6

'규칙8: 어드바이스; 플레이선의 지시'에 대한 벌타

8-1. 어드바이스 Advice
  b. 자신의 파트너, 자신의 캐디 또는 파트너의 캐디를 제외한 다른 사람으로부터 어드바이스를 청해서는 안 된다.

8-2. 플레이 선의 지시 Indicating Line of Play
  a. 퍼팅 그린 이외
퍼팅 그린 이외의 곳에서 플레이어는 누구로부터도 플레이 선의 지시를 받을 수 있으나 스트로크 하는 동안에는 플레이 선 또는 홀을 넘어서 그 선의 연장선 위에나 그 선 가까이에 **아무도 세워 두어서는 안 된다.**
  b. 퍼팅 그린
플레이어의 볼이 퍼팅 그린 위에 있는 경우, 플레이어, 그의 파트너 또는 그들의 캐디는 스트로크 전에는 퍼트 선을 가리킬 수 있으나, 스트로크 중에는 가리킬 수 없다. 퍼트 선을 가리키는 동안 **퍼팅 그린에 접촉해서는 안 된다.**
퍼트 선을 가리키는 목적으로 마크를 어느 곳에도 놓아두어서는 안 된다.

규칙 8의 위반에 대한 벌은
매치 플레이-그 홀의 패, 스트로크 플레이-2벌타.

44. 일요일은 쉰다

1주일은 7일
조회장님은 6일 216홀을 돈다.
하지만
일요일은 쉰다.

권교수와 전프로를 퍼터로 죽였고,
여행사 김사장은 벙커에 묻었고,
30년 지기 세무사를 버디로 울렸다.

세 명 살해, 한명은 화병!
이 모든 잘못 용서를 빌고
다음 주 또 다른 죄를 짓기 위해 기도하며
조회장님은
일요일은 쉰다.

무림에는 은둔고수가 많다. 골프계에도 프로 잡는 아마추어 고수들이 골프장마다 있다. 클럽챔피언이란 이름을 달기도 하지만 대부분 이 타이틀도 사양한다. 그 골프장의 은둔고수는 코스관리팀장보다 잔디의 상태를 더 잘 알고, 그린 곳곳의 경사에 따른 퍼팅라인을 시내버스 노선처럼 알고 있다. 그늘집 직원의 가족사나 캐디들의 나이나 경력을 골프장 사장은 몰라도 은둔고수는 안다. 골프코스 어느 홀을 가더라도 슬그머니 숲으로 들어갔다 나오면 두 손 가득 공을 들고 나타나 동반자들에게 선물하는 한 여름의 산타클로스다.

조회장님은 바로 그런 은둔고수 중의 한 분이다. 원주시 문막에 있는 센추리21컨트리클럽에 가면 만날 수 있다. 하루 36홀을 돌아도 카트에는 골프백이 실려 있을 뿐 모든 코스를 걷는 분이다. 골프가 운동이 되려면 반드시 걸어야 한다는 지론을 가지고 계신 탓에 얼떨결에 동반자들도 따라 걷다가 지쳐서 자멸하는 경우도 많다.

18홀 기준으로 골프백 없이 5~6km를 걷는 다면 1,500kcal, 카트를 탄다면 600kcal 정도를 소모한다고 한다. 볼링, 수영 같은 다른 운동과 비교했을 때 운동량이 적은 것이 사실이지만 한 대학의 연구에 따르면 골프는 운동강도는 낮아도 운동효과는 충분하다고 한다. 시간당 소모열량도 적고 운동 강도도 낮지만 4시간 이상 장시간 지속적으로 진행되기 때문에 유산소 운동으로 적합하다는 것이다.

하지만, 4~5시간 한 번의 라운드를 위해 매일 두 시간씩 500개 이상의 연습 공을 때리고, 18홀 내내 지그재그로 다니고, 공을 찾으러 수 없이 산기슭을 오르내리고, 100번의 샷을 할 때마다 생크와 뒤땅, OB와 해저드의 정신적 스트레스에 시달리고, 때로는 뒤 팀 눈치에 전력질주를 해야 하는 하수 골퍼들에게 골프는 종합격투기 3라운드만큼이나 힘든 운동이다.

*골프규칙 위반에 대한 벌타 7

'규칙12: 볼 찾기와 확인'에 대한 벌타

12-1
    a. 모래에 덮인 볼을 찾거나 확인하는 경우
    b. 해저드 안에서 루스 임페디먼트로 덮여 있는 볼을 찾거나 확인하는 경우
    c. 워터 해저드 안의 물속에 들어간 볼을 찾는 경우
    d. 장해물 또는 비정상적인 코스 상태 안에 있는 볼을 찾는 경우

볼을 찾거나 확인하는 동안 모래나, 루스 임페디먼트를 접촉하거나 움직일 때 볼을 움직인 경우에는 벌은 없으나 그 볼을 리플레이스 하지 않으면 안 된다.

규칙 12-1의 위반에 대한 벌은
매치 플레이 - 그 홀의 패, 스트로크 플레이 - 2벌타.

45. 10타

산으로 간 티샷
세컨드 샷은 나무 맞고 다시 제자리
레이업은 깊은 러프로
잘 맞은 다음 샷은 벙커에
벙커샷은 그린 너머
피치샷은 뒤땅
칩샷은 길고
퍼트는 쓰리퍼트
그래서 텐 샷

진한 커피를 즐기는 사람들은 커피전문점에서 '더블 샷 에스프레소'를 주문한다. 커피마니아가 아닌 일반사람들에게 는 맛없는 쓴 커피다. 뉴욕의 한 커피전문점은 커피와 에스 프레소의 한계를 체험하고 싶은 고객들을 위해 '텐 샷 에스 프레소'를 시도했다고 한다. 맛은 사약수준이고 위에 문제가 발생할 수 있어서 40세 이상에게는 판매하지 않는다고 한 다.

골프에도 '텐 샷 에스프레소'처럼 쓴 맛을 주는 파5에서 의 더블파인 10타, 일명 '텐 샷'이 있다. 2017년 KLPGA 투 어 하이원리조트 여자오픈에서 장은수(19)는 공이 연속으로 러프와 해저드에 빠지는 바람에 파5 홀에서 11타를 쳤다. 6 타를 더 친 것이다. 주말 골퍼들은 필드나 스크린골프에서 일명 '양파'인 더블파(double par)를 한계로 하기 때문에 파 5에서의 11타를 어떻게 불러야할지 아는 골퍼들은 거의 없 을 것이다.

오버파에 대한 용어는 다음과 같다:
+1: 보기(Bogey) / +2: 더블 보기(Double Bogey) / +3: 트리플 보기(Triple Bogey) / +4: 쿼드러플 보기 (Quadruple Bogey) / +5: 퀸튜플 보기(Quintuple Bogey) / +6: 섹튜플 보기(Sextuple Bogey) / +7: 셉튜플 보기 (Septuple Bogey) / +8: 옥튜플 보기(Octuple Bogey) / +9: 노뉴플 보기(Nonuple Bogey) / +10: 데큐플 보기

(Decuple Bogey) / 11개 이상의 오버파: 폴리드러플 보기 (Polydruple Bogey)

필드에 나가서 주말골퍼들이 멘붕에 빠지는 상황이 몇 가지 있지만 그 중에서 최고는 '텐 샷'이다. 고수들에게 눈치보며 아양 떨며 얻어 낸 핸디캡에 따른 보상금이 한 순간에 날아가는 재난이 닥친 것이다. '화불단행(禍不單行)'이라고 나쁜 일은 꼭 겹쳐서 일어난다.

고수는 본대로 가고, 중수는 친 대로 가고, 하수는 걱정한대로 간다는 말처럼 OB난 곳에서 친 두 번째 샷이 또 OB난 경우가 많고, 그린 앞의 워터해저드는 보기만 좋을 뿐 보기(bogey)는커녕 풍당풍당 누나 이름 몇 번 부르다 보면 더블 파를 향해 간다.

프로골퍼들의 능력을 수치로 분석하는 항목을 보면, 평균 퍼트수, 파세이브율, 그린 적중률, 페어웨이 안착률, 벙커 세이브율 등등이 있는데, 그 중에 파온되지 않은 상황에서 파, 혹은 그보다 좋은 기록을 내는 비율을 나타낸 것이 '리커버리율'이다. 이것은 파3 1온, 파4 2온, 파5 3온을 하지 못한 상황, 즉 위기상황에서 그 골퍼가 얼마나 효과적으로 그 위기를 극복했는지를 보여주는 지표다. 주로, 그린 주변에서 숏게임 능력이 얼마나 탁월한지를 알아볼 수 있는 기록이다.

*골프규칙 위반에 대한 벌타 8

'규칙13: 볼은 있는 그대로의 상태로 플레이'에 대한 벌타

13-2. 볼의 라이, 의도하는 스탠스나 스윙 구역 또는 플레이 선의 개선

- 클럽으로 지면을 누르는 행위
- 생장물 또는 고정물(움직일 수 없는 장해물 및 아웃 오브 바운드의 경계를 표시하는 물체 포함)을 움직이거나 구부리거나 부러뜨리는 행위
- 지면을 돋우거나 지면의 울퉁불퉁한 곳을 고르는 행위
- 모래, 흩어진 흙, 제자리에 갖다 놓은 디보트 또는 제자리를 메운 잔디 조각을 제거하거나 누르는 행위
- 이슬, 서리 또는 물을 제거하는 행위

그러나 다음과 같은 경우의 행위에는 플레이어에게 벌이 없다.
- 볼에 어드레스할 때 클럽을 가볍게 지면에 놓는 행위
- 티잉 그라운드 구역 안에서 지면을 돋우거나 지면의 울퉁불퉁한 곳을 고르는 경우 또는 티잉 그라운드에서 이슬, 서리 또는 물을 제거하는 행위
- 퍼팅 그린 위에서 모래와 흩어진 흙을 제거하거나 손상된 곳을 수리하는 경우

규칙 13의 위반에 대한 벌은
매치 플레이 - 그 홀의 패, 스트로크 플레이 - 2벌타.

46. 트랜스젠더

할아버지가 쳐도
아버지가 쳐도
잘 못 치면
Miss 샷!
그렇게
남자는 여자가 되었다.

영어의 'miss'는 동사로는 '① (목표를) 못 맞히다, 빗맞히다. ② (겨눈 것을) 놓치다, 잡지 못하다. ③ 그리워하다.', 명사로는 '① (M-) ---양(미혼 여성의 성 또는 성명 앞에 붙이는 경칭). ② 처녀, 미혼 여성'의 의미가 있다.

결국 공을 못 맞히거나, 빗맞혀서 제대로 된 샷을 그리워하는 것이 미스샷(miss-hit shot)이다. 가장 대표적인 것은 아마추어골퍼들이 불치병이라 부르는 '슬라이스(slice)'다. 오른손잡이 골퍼가 친 공이 급격하게 오른 쪽으로 휘는 경우를 말하며, 그 반대를 훅(hook)이라고 한다. 다시 말해서, 슬라이스는 불법 p-turn이고, 훅은 불법 u-turn이다. 어느 쪽이든지 딱지 끊고 벌점30점에 벌금6만원이다. 골프규칙에서는 미스샷으로 인해 그 공의 플레이가 불가능할 때는 1벌타 후 다시 플레이하면 된다. 2벌 타는 공에 영향을 주는 행위나 비신사적인 행위에 의해 받는 벌 타이다.

공을 치지 못하고 땅을 파는 뒤땅(fat shot)과 공의 윗부분을 쳐서 뱀 샷을 만드는 톱핑(topping)도 초보 골퍼들이 많이 하는 미스샷이고, 아이언이나 웨지로 샷을 할 때 공이 클럽 헤드와 샤프트(shaft)의 접합 부분에 맞아 엉뚱하게 날아가는 생크(shank)도 공포의 미스샷이다.

47. 포섬과 포볼

나는 네게 어떤 의미일까?

번갈아가며
다른 반쪽의 부족함을 채워가며
하나가 되는 포섬.

각자의 길에서
최선을 다해살며 그 결과물로
우리가 되는 포볼.

나는 네게 포섬일까, 포볼일까?

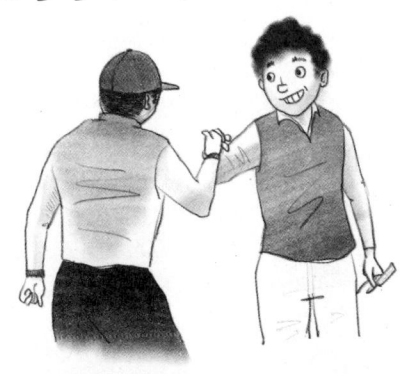

골프는 보통 네 명이 한 그룹으로 플레이하는 경우가 많아서인지 4명이 하는 경기방식이 많이 발달했다. 가장 기본적인 경기방식은 스트로크플레이(Stroke play)와 매치플레이(Match play)로 나누는데, 18홀을 마친 후 타수의 합으로 스코어를 내는 방식이 스트로크방식이고, 타수와 상관없이 매 홀 이기고(up) 지는(down) 횟수로 승부를 결정짓는 것은 매치플레이다.

포섬(foursome)과 포볼(four ball)은 각 팀당 2명의 선수가 한 조를 이뤄서 플레이하는 것은 같으나, 포섬은 공 한 개를 같은 팀의 두 명이 번갈아 치는 방식으로 이뤄지는 경기를 말한다. 한 선수의 실수가 다음에 쳐야 하는 선수에게 직접적인 영향을 미치므로 팀워크가 중요하다.

반면에, 포볼은 두 팀 네 명의 선수가 네 개의 공으로 각각 플레이하는 경기를 말하는데, 공 네 개로 경기가 이뤄지므로 포볼(Four-ball)이라고 했다. 스코어는 같은 팀 두 선수 중 더 잘 친 선수의 성적이 반영되기 때문에 선수 개개인의 역량이 중요하다.

이 외에도 포섬이 변형된 형식으로 그린섬(Greensome)과 그루섬(Gruesome)이 있다. 그린섬은 각 팀의 두 선수가 티샷을 한 후 두 번째 샷을 하기에 유리한 공을 선택한 후, 자신의 공이 선택되지 않은 선수가 두 빈째 샷을 하여 번갈이 치며 홀 아웃하는 방식이고, 그루섬(Gruesome)은 그린

섬과 경기방식은 같지만 티샷한 이후 두 번째 샷을 할 공의 선택을 상대편이 한다는 점이 다르다. 그루(Grue)가 '공포의 몸서리, 전율'이라는 뜻이 있다는 것을 생각하면 짐작이 가는 경기방식이다.

    사랑하는 두 사람의 관계가 반반씩의 의무를 나눠지며 둘이 합쳐 하나가 되는 포섬과 내가 최선을 다한 결과로 상대방까지 책임지는 포볼 중 어느 쪽이냐는 개인적 기호나 시대적 흐름에 따라 변하고 있다. '오빠만 믿어' 스타일의 가부장적인 형태도 있고, '맞벌이 부부'의 라이프스타일도 있으니까 말이다.

*골프규칙 위반에 대한 벌타 9

'규칙14: 볼을 치는 방법'에 대한 벌타

14-2. 원조
a. 물리적인 원조와 자연 현상의 비바람으로부터 보호
  플레이어는 물리적인 원조나 자연 현상의 비바람으로부터 보호를 받는 상태에서 스트로크해서는 안 된다.
b. 볼 뒤에 캐디나 파트너를 세워두는 행위
  플레이어는 플레이 선 또는 퍼트 선의 볼 후방 연장선 위에나 그 가까이에 자신의 캐디, 그의 파트너 또는 파트너의 캐디가 서 있는 상태에서 스트로크해서는 안 된다.
14-3. 인공의 기기(器機), 비정상적인 장비 및 장비의 비정상적인 사용.

규칙 14-2, 3의 위반에 대한 벌은
매치 플레이-그 홀의 패, 스트로크 플레이-2벌타.

14-4. 두 번 이상 치기
한 번의 스트로크 중에 플레이어의 클럽이 두 번 이상 볼을 친 경우 플레이어는 그 스트로크를 1타로 하고 **1벌타를 추가하여** 합계 2타로 하지 않으면 안 된다.

48. Above the hole

굴곡 없는 인생도
내리막 없는 그린도 없다.

올라가는 길이 힘들어도
의지만 있다면
오를 수 있다.
멈출 수도 있다.

하지만,
내려가는 길은
어디로 갈지 아무도 모른다.
바닥을 쳐야 멈춘다.
그래서 두렵다.

내리막은
그 시작이 가장 느리다.
힘을 빼야 그 끝이 덜 아프다.

골프에서 '어버브 더 홀(Above the hole)'이란 그린에서 공의 위치가 컵까지 내리막 퍼트를 남겨 놓은 상태를 말한다. 반대의 경우는 '빌로우 더 홀(Below the hole)'이라고 한다.

골퍼들 사이의 우스갯소리 중에 '내리막 퍼팅은 마누라에게도 OK 없다'와 '세상에서 가장 무서운 세 가지가 귀신, 마누라, 그리고 내리막 퍼팅이다'라는 말이 있다. 또한, PGA 최다승자 샘 스니드도 "내가 골프에서 가장 두려워하는 것은 세 가지다. 번개와 내리막 퍼트, 그리고 벤 호건이다"라고 했다. 그 만큼 내리막 퍼팅은 까다롭고, 쓰리퍼트(3putt)의 불명예를 남겨주는 골칫거리다.

오르막 퍼팅(uphill putting)은 방향만 맞으면 조금 세게 치더라도 컵의 뒷벽을 맞고 들어가지만, 내리막 퍼팅(downhill putting)은 방향뿐만 아니라 세기에도 신경을 써야한다. '컵을 지나가게 치지 않으면 절대 들어가지 않는다'는 'Never up Never in'이란 퍼팅에 관한 명언이 내리막 앞에서는 겸손해진다.

퍼팅을 하고자 핀을 빼면 깃대는 반드시 퍼팅 선이나 그린 밖에 놓아야 한다. 만약 그린에서 퍼트한 공이 깃대에 맞으면 2타의 패널티가 부과된다.

요즘 연예인들이 가장 많이 앓고 있는 질병은 '공황 장애(panic disorder)'다. 이것은 심한 불안 발작과 이에 동반되는 다양한 신체 증상들이 아무런 예고 없이 갑작스럽게 발생하는 불안장애의 하나인데, 대부분 연예인들의 공황장애 원인은 자신의 인기, 즉 대중들의 관심이 언제 사라질지 모른다는 불안감이다. 성공가도를 달리며 정상을 향해 힘차게 오르는 길은 힘들지만 불안에 떨지는 않는다. 하지만 일단 정상에 오른 뒤 그 자리를 지키기는 쉽지 않다. 결국, 그 정상을 영원히 지킬 수는 없기에 올라갈 때 내려갈 것을 미리 준비하는 시간이 필요하다. 추락하는 것은 날개가 없다고 하지 않는가?

*골프규칙 위반에 대한 벌타 10

'규칙15: 교체한 볼; 오구'에 대한 벌타

규칙에 의하여 다른 볼로 교체가 허용되지 않는데 플레이어가 볼을 교체한 경우(플레이어가 본의 아니게 오구를 드롭하거나 플레이스 하여 볼을 교체한 것 포함) 그 교체한 다른 볼은 오구가 아니고 인 플레이 볼로 된다. 플레이어가 규칙 20-6에 규정된 바에 따라 잘못을 시정하지 않고 잘못 교체한 볼을 스트로크한 경우 그는 해당되는 규칙에 의하여 **매치 플레이에서 그 홀의 패, 스트로크 플레이에서는 2벌타를 받고**, 교체한 볼로 그 홀을 끝마치지 않으면 안 된다.

20-6. 잘못 교체하거나, 드롭하거나, 플레이스한 볼을 집어 올리기 Lifting Ball Incorrectly Substituted, Dropped or Placed
볼을 잘못 교체했거나, 오소 또는 규칙에 따르지 않고 볼을 드롭했거나, 플레이스 했어도 아직 그 볼을 플레이하지 않았을 때에는 벌 없이 그 볼을 집어 올릴 수 있으며 플레이어는 그 후에 올바르게 처리하지 않으면 안 된다.

49. Never Up Never In

세상에서
짧으면 안 되는 것 두 가지가
허리띠와 퍼트다.

하나는 체면을 위해,
다른 하나는 승리를 위해.

골프는 골프클럽으로 공을 쳐서 퍼팅그린에 있는 홀에 넣는 경기다. 아무리 멋진 샷이 계속돼도 홀에 공을 넣지 않으면 경기가 끝나지 않는다. 그래서 '지나가지 않으면 들어가지 않는다(Never up Never in)'는 말이 골프 관련 가장 유명한 명언중의 하나로 꼽히는 것이다.

홀까지 남은 거리가 2m라고 가정 해보자. 세계랭킹 1위 프로 골퍼가 1.9m, 1.99m 퍼트를 했다고 하면 가깝기는 하지만 2m보다는 짧다. 그래서 방향과 상관없이 홀에 들어 갈 확률은 0%다. 5살짜리 유치원생을 데려다가 퍼팅을 시켰는데 그 아이는 3m를 쳤다. 홀에 들어 갈 확률은 방향에 따라 결정될 것이다. 똑바르면 100%, 조금씩 벗어날수록 확률도 줄어들지만, 처음부터 0%는 아니다.

이 명언은 골프뿐만 아니라 다양한 삶의 영역에 '도전'이란 의미로 적용되고 있다. '열 번 찍어 안 넘어가는 나무 없다'라는 속담이 꾸준한 노력으로 목표를 달성하는 것을 의미한다면 'never up never in'은 그 목표보다 조금 더 멀리 보고 도전하라는 의미가 담긴 말이다.

사자성어 중에 '과유불급(過猶不及)'이란 말이 있는데, 공자에게 제자 자공이 제자들 가운데 누가 더 낫냐고 물었다.

    공자: 자장은 지나치고 자하는 미치지 못하지.
    자공: 그럼 자장이 낫습니까?
    공자: 지나침은 미치지 못함과 같으니라.

즉 지나침은 부족함과 마찬가지라는 의미의 가르침이다.

비가 오지 않는 가뭄도, 비가 너무 많이 내리는 장마도 농민들에게는 모두 하늘과 싸워할 일이니 과유불급의 교훈은 신통하기만 하다.

하지만, 홀을 앞에 두고 퍼팅을 해야 하는 골퍼에게 공자의 가르침은 잠시 잊어야 할 가르침이다. 퍼팅은 지나침이 부족함 보다 낫고, 반드시 지나쳐야 홀에 들어가기 때문이다.

*골프규칙 위반에 대한 벌타 11

'규칙16: 퍼팅 그린'에 대한 벌타
16-1.
b. 볼을 집어 올리기와 닦기
볼을 집어 올리기 전에 그 볼 위치를 마크하지 않으면 안 되며 그 볼은 리플레이스 하지 않으면 안 된다.
e. 퍼트 선을 걸터 서거나 그 위를 밟고 서는 것
플레이어는 퍼팅 그린 위에서 퍼트 선 또는 볼 후방 퍼트 선의 연장선을 걸터 서거나 한 쪽 발이라도 그 선을 밟고 서는 스탠스로 스트로크해서는 안 된다.
f. 다른 볼이 움직이고 있을 때 스트로크한 경우
퍼팅 그린 위에서 다른 플레이어가 스트로크한 볼이 움직이고 있는 동안에 플레이어는 스트로크해서는 안 된다.

규칙 16-1의 위반에 대한 벌 :
매치 플레이-그 홀의 패, 스트로크 플레이-2벌타.

16-2. 홀에 걸쳐 있는 볼
볼의 일부가 홀 가장자리에 걸쳐 있는 경우 볼이 정지해 있는가 아닌가의 여부를 확인하기 위한 **10초간이 허용**된다. 그러나 그 뒤에 볼이 홀에 들어간 경우에는 플레이어가 한 최후의 스트로크로 홀 아웃한 것으로 간주하고 플레이어는 그 홀에서 친 자신의 스코어에 **1벌타를 추가**하지 않으면 안 된다.

50. OK

줄때는 더 짧게
받을 때는 더 길게.

그건 OK.

줄때는 더 적게
받을 때는 더 많게.

그건 이자.

줄때는 알게
받을 때는 모르게.

그건 뇌물.

주말골퍼들이 필드에 나가서 가장 많이 듣고 싶어 하는 말이 'OK'다. 1m 안팎의 퍼트가 남아도 홀에 넣을 확률이 반반인 입장에서 OK를 받는 건 대단한 행운이다.

골프에서 퍼팅 그린 위에 있는 상대편의 공이 홀까지 매우 짧은 거리가 남았을 때 이 퍼트를 성공했다고 인정해 주는 것을 'Give me', 'Gimmie' 또는 '양해하다','인정하다'라는 의미의 컨시드(concede)라고 하는데, 우리는 흔히들 'OK'라고 한다.

이와 같은 '다음 스트로크에 대한 면제'조항은 매치플레이를 다루는 골프규칙 '2-4 : 매치나 홀의 양보 또는 다음 스트로크의 면제'에서 언급하고 있다. 주말골퍼들은 스트로크 플레이에서도 'OK'를 사용하지만, 공식규정에서는 어떠한 상황이라도 샷의 양보라는 것은 허용되지 않는다. 'OK'의 사용이 친선골프에서는 스트레스를 줄여주며 동반자들 사이의 친목을 다지는 역할도 하지만, 남발하면 상대방을 무시하거나 경기의 집중력을 흐트러뜨리는 악영향을 줄 수도 있음을 주의해야한다. 요즈음은 OK에 대한 골퍼들 사이의 갈등도 없애고 빠른 경기진행을 위해 홀 주위에 '컨시드 존'을 그려놓는 골프장이 많다.

줄때는 더 짧게, 받을 때는 더 길게 받고 싶은 게 OK라면, 예금이자는 많이 받고, 대출이자는 적게 주면 좋겠다. 뇌물? 이건 주지도 받지도 말자.

51. So Far No Par
-지금까지 파가 없다

텃밭에 심은 파는
무관심속에도 잘 자란다.
뽑아 먹기도
잘라 먹기도
너무 쉽다.
건강에도 정말 좋다.

하지만
나는
벤트그라스에서
파를
양파로 키워 먹었다.

결국 나만 빼고
모두의 건강이 좋아졌다.

골프에서 파(par)는 '전문골퍼가 한 홀이나 한 라운드를 끝내는데 필요할 거라 예상되는 스트로크의 수'를 말한다. par5홀은 다섯 번의 스트로크가, 18홀 par72는 그 골프장의 18홀 라운드에 72타가 필요하다는 것이다.

2016 시즌 일본프로골프(JGTO) 투어 파세이브율 부문에서 88.11%로 김경태 선수가 파세이브율 트로피를 수상했지만, 90대 타수의 아마추어골퍼의 파세이브율은 30%정도가 안 된다. 어쩌면 전문골퍼를 기준으로 예상한 스트로크의 수이기 때문에 일반 아마추어에게는 어려운 것이 당연할지도 모른다.

사실, 오늘날 '1-over par'를 의미하는 '보기(bogey)'가 예전에는 파(par)와 같은 의미였다. 1890년대 영국 골퍼들이 한 홀에 필요한 타수를 '그라운드스코어(ground score)'라고 했는데, 그 이상적인 스코어보다 잘 치기가 어려웠기 때문에 그 스코어는 당시 구전되던 노래에 등장하던 유령과 같은 상상속의 괴물인 '보기맨(bogeyman)' 이라 부르게 되었다.

1800년대 말과 1900년대 초 영국에서 기준타수가 '보기'라고 불리는 동안 미국에서는 주식의 액면가(par figure)에서 유래한 '파(par)'라는 용어가 등장하였는데, 골프클럽과 기술의 발전으로 더 좋은 스코어를 내면서 1911년 미국골프협회(USGA)가 파를 공식적으로 사용하기 시작했고, 보기는 기준타수보다 한 타 더 많은 스코어가 되었다.

 골프용어는 'bus'를 버스로, 'banana'를 바나나로 부르듯이 영어발음을 그대로 사용하는데, 우리나라 골퍼들은 국적불명의 골프용어를 창조했다. 그 중 대표적인 것이 라운딩, 양파 그리고 뒤땅이다. 라운딩은 '라운드(round)'의 잘못된 쓰임이고, 뒤땅은 '팻샷(Fat shot)'의 한국식 번역이고, 양파는 기준타수의 두 배인 '더블파(double par)'를 한자(漢字)의 두개를 의미하는 '양(兩)'과 영어의 '파(par)'를 조합하여 만든 한중미합작품이다.

*골프규칙 위반에 대한 벌타 12

'규칙17: 깃 대'에 대한 벌타

17-1. 플레이어가 스트로크하기 전에 사람이 붙어 시중들거나, 제거하거나, 들어 올리지 않은 깃대의 경우, 스트로크하고 있거나 볼이 움직이고 있는 동안에 그렇게 하면, 볼의 움직임에 영향을 미칠 수도 있을 때에는 그 깃대에 사람이 붙어 시중들거나, 제거하거나, 들어 올려서는 안 된다.
17-2. 플레이어의 승인 없이 또는 플레이어가 알기 전에 깃대에 붙어 시중들거나, 깃대를 제거하거나, 들어 올리고 볼의 움직임에 영향을 미칠 염려가 있는 행동을 한 경우 상대방이나 동반 경기자는 해당되는 벌을 받는다.

* 규칙 17-1 또는 17-2의 위반에 대한 벌은
매치 플레이-그 홀의 패, 스트로크 플레이-2벌타.

17-3. 볼이 깃대 또는 깃대에 붙어 시중들고 있는 사람에 맞은 경우
규칙 17-3의 위반에 대한 벌은
매치 플레이-그 홀의 패, 스트로크 플레이-2벌타. 그리고 그 볼은 있는 그대로의 상태로 플레이하지 않으면 안 된다.

17-4. 깃대에 기대어 있는 볼은 깃대를 움직이거나 제거해 볼이 홀 안으로 떨어져 들어간 경우에는 플레이어가 한 최후의 스트로크로 홀 아웃 한 것으로 간주한다. 그러나 볼이 움직였지만 홀 안으로 떨어져 들어가지 않은 경우 그 볼은 벌 없이 홀 가장자리에 플레이스하지 않으면 안 된다.

52. 14-2a

누구나 혼자이지 않은 사람은 없다.
어느 시인이 삶의 상처를 드러낸 말이다.

외로움이 왜? 고독이 어때서?
단 한 번의 반문에도 대답이 궁색해진다.

내리쬐는 햇빛도 몰아치는 바람도
혼자 맞서야 한다.

사랑하는 연인도,
함께 걸어 온 동반자도
내게 힘이 될 수는 없다.

나에게 우산이 될 수 있는 것은 나 자신뿐!
슬프게도 그 익숙함은 짙어간다.

'믿었던 사람의 등을 보거나
사랑하는 이의 무관심에 다친 마음 펴지지 않을 때
섭섭한 마음 버리고 이 말을 떠올려보라.
누구나 혼자이지 않은 사람은 없다.'

　김재진 시인의 가장 많은 사랑을 받은 시의 첫 구절이다.
　혼자서 승부를 이어가는 골프는 침묵 속에 펼치는 처절한 고독과의 싸움이다. 라운드 내내 다른 선수들을 위해 큰 소리를 내지 않던 골퍼가 자기가 친 공의 생사가 달린 운명의 순간이 닥쳐야만 입을 열고 크게 "포어!(Fore)"라고 외칠 수 있다. 골프공이 날아가는 앞쪽에 있는 사람들이 공을 피해서 움직일 수 있도록 경고하는 외침인데, 우리나라에서는 "볼!"하고 외친다. 원래는 골프 코스에 있는 공의 위치를 경기자에게 알리기 위해 전방이나 공의 행방을 추적하기 쉬운 곳에 미리 나가 있는 경기 보조원인 '포어캐디(forecaddie)'를 부르는 말이었다.
　골프 규칙 14-2a는 '물리적인 원조나 자연현상의 비바람으로부터 보호를 받는 상태에서 스트로크해서는 안된다'라고 규정하고 있다. 위반 시에는 매치플레이는 그 홀의 패, 스트로크플레이는 2벌타를 받는다. 다만, 선수 본인이 우산을 쓰고 스트로크 하는 것은 규칙 위반이 아니다.
　2016년 8월 김예진 선수는 KLPGA투어 하이원리조트 여자오픈 최종라운드 파4 7번 홀에서 캐디를 맡은 아버지가 그린에서 김예진이 퍼트를 할 때까지 우산을 치우지 않은 실수로 2벌타를 받았다. 7번 홀에서 규칙 위반을 한 뒤 9번 홀에 가서야 이 사실을 알았다는 김예진은 "아빠가 아니라 전적으로 내 잘못"이라고 말했고, 끝까지 침착하게 경기를 운영해 정규투어 첫 우승을 차지하며 아버지의 미안함을 가볍게 해줬다.

*골프규칙 위반에 대한 벌타 13

'규칙18, 19: 볼이 움직이거나 방향이 변경되거나 정지된 경우'에 대한 벌타

18-2 플레이어, 파트너, 그들의 캐디 또는 휴대품이 볼을 움직인 원인이 된 경우 **플레이어는 1벌타를 받는다**.

18-3. 매치 플레이에서 플레이어의 볼을 찾는 중이 아닐 때 상대방, 그의 캐디 또는 그의 휴대품이 그 볼을 움직이거나, 고의로 볼에 접촉하거나, 볼을 움직이게 한 경우 규칙에서 따로 규정하지 않는 한 **상대방은 1벌타를 받는다**.

19-2. 플레이어의 볼이 우연히 플레이어 자신, 그의 파트너 또는 그들의 어느 캐디나 휴대품에 의하여 방향이 변경되거나 정지된 경우 **플레이어는 1벌타를 받는다**. 그 볼은 있는 그대로의 상태로 플레이하지 않으면 안 된다.

19-5a. 정지해 있는 볼에 의하여
스트로크 후 움직이고 있는 플레이어의 볼이 정지해 있는 다른 인 플레이 볼에 의하여 방향이 변경되거나 정지된 경우 플레이어는 자신의 볼을 있는 그대로의 상태로 플레이하지 않으면 안 된다. 매치 플레이에서는 누구에게도 벌이 없다. 스트로크 플레이에서는 스트로크하기 전에 양쪽 볼이 모두 퍼팅 그린에 있었던 경우 **맞힌 볼의 플레이어는 2벌타를 받는다**.

53. 가까이 살면 늦게 온다

고교시절 학교 담장너머 살던 종진이도,
대학 때 후문 근처에서 자취하던 영진이도
나 보다 학교에 늘 늦었다.

지금은 내가
너의 곁에 있으면서도
그 맘속에 들어가지 못하고
드라이버 20미터 더 길게 치고도
그린에 늦게 온다.

학창시절을 돌아보면 등교시간은 늘 긴장의 연속이었다. 교문을 통과하기 전 교복에 단추는 제대로 있는지 학년 배지는 빼먹지 않았는지, 모자에 교표는 삐뚤어지지 않았는지 확인하며 선도부들과 학생주임 선생님 앞을 지나가야 했다. 이미 무릎 꿇고 손들고 벌서는 친구들이 보인다. 이 검열을 피하기 위해서는 일명 '개구멍'을 이용하거나 선도부가 철수한 후 등교를 해야 하니 늘 1교시 수업시간이 아슬아슬했다.

먼 곳에서 사는 친구들은 아침 일찍부터 서둘러 일어나서 자전거나 버스를 타고 여유 있게 학교에 오지만 바로 코앞에 학교를 두고 있던 친구는 대부분 지각대장이다. 고등학교 후문 쪽 담장을 넘으면 집이 있던 종진이도 그랬다. 점심시간이면 우루루 몰려가서 종진이 어머니가 해주신 갓 지은 밥에 상추쌈을 먹고 기타 치며 놀다가 오후 수업 들어가던 시절이 그립다.

대학시절 영진이도 그랬다. 열두 달 내내 대학노트 한 권 들고 좌우로 일정한 각도로 몸을 스웨이(sway: 흔들리다)하고- 그래서 지금 골프스윙도 그 스웨이다 - 이미 착석한 교수님과 학생들에게 인사를 하며 강의실을 들어서곤 했다. 지각의 오명을 벗고 싶어서인지 나중에는 학생회관이나 동아리 방에서 기숙을 했지만...

방심(放心)은 한 번의 여유를 주고 찾아온다. 퍼팅 그린에서 멀리 있는 다른 동반자들은 온그린 시키지만 정작 오잘공(오늘 제일 잘 맞은 공)으로 그린에 가장 가깝게 있는 골퍼가 쉬운 칩샷이나 피치 샷을 실수해서 공을 그린에 올리지 못하는 경우가 많고, 버디한 후 다음 홀 첫 티샷이 OB가 나거나 해저드에 빠지는 경우가 많다. 오죽하면 삼각형의 한 내각의 이등분선과, 이것과 이웃하지 않은 두 외각의 이등분선이 한 점에서 만나는 방심(傍心)도 삼각형 밖에 있지 않은가!

*골프규칙 위반에 대한 벌타 14

'규칙20: 볼을 집어 올리기, 드롭하기 및 플레이스하기; 오소에서의 플레이'에 대한 벌타

20-1. 볼을 집어 올리기와 마크하기
리플레이스 해야 하는 규칙에 의하여 볼을 집어 올릴 때에는 사전에 그 볼 위치를 마크하지 않으면 안 된다. 마크하지 않았을 경우 **플레이어는 1벌타를 받는다**. 볼이나 볼마커가 움직인 원인이 그 볼 위치를 마크하거나 볼을 집어 올리는 바로 그 구체적인 행위에 있는 경우에는 벌이 없다.

20-2a. 드롭하는 사람과 방법
플레이어는 똑바로 서서 볼을 어깨 높이까지 올려서 팔을 완전히 편 채로 드롭하지 않으면 안 된다. 다른 사람이 드롭하거나 다른 방법으로 드롭한 경우 그 잘못을 규칙 20-6에 규정된 바와 같이 시정하지 않으면 **플레이어는 1벌타를 받는다**.

20-7. 오소에서의 플레이 Playing from Wrong Place
b. 매치 플레이
플레이어가 오소에서 스트로크한 경우 그는 **그 홀의 패가** 된다.
c. 스트로크 플레이
경기자가 오소에서 스트로크한 경우 그는 해당되는 규칙에 의하여 **2벌타를 받는다**.

54. 길어서 멀다

키가 클수록
땅에서는 멀다.

우드보다는 드라이버가 멀고
숏 아이언보다 롱 아이언이 멀고
퍼터보다 웨지가 멀다.

홀이 하늘에 있지 않으니
길면
멀다.

물리적 거리가
마음의 거리면
너와 나는
너무 멀다.

골프클럽은 일반적으로 제일 짧은 퍼터(32~35인치)부터 가장 긴 드라이버(44~46인치)까지 길이가 다르다. 물론 2016년 마스터즈 골프대회에서 미국 아마추어 골퍼 브라이슨 디셈보(Bryson Dechambeau)는 3번 아이언부터 60도 웨지까지 무게와 길이가 같은 싱글렝스 아이언(single-length irons)을 사용하여 화제의 주인공이 되기도 했다. 국내에서도 (주)다이아윙스 정상화 대표가 모든 아이언을 8번(36.5인치) 길이로 통일한 아이언세트를 개발하여 보급하고 있다.

1965년에 역사상 가장 위대한 골퍼로 선정되었던 미국의 프로골퍼 벤 호건(William Benjamin Hogan)이 "드라이버는 쇼이고, 퍼트는 돈이다"라고 말한 것처럼 골퍼의 성적을 결정하는 것은 긴 드라이버가 아니고 가장 짧은 퍼터다. 18홀 파72를 기준으로 본다면 드라이버는 14회, 우드나 아이언은 22회, 퍼터는 36회 사용된다.

재미없고 지루한 샷의 연습이 가장 큰 결과를 만들어 낸다. 드라이버보다는 짧은 어프로치 연습이, 그리고 허리가 끊어지는 아픔을 견뎌야하는 퍼팅연습이 돈과 기록을 가져다준다. 주말골퍼라면 전체 타수의 50%, 프로선수라면 40% 내외를 퍼팅이 차지한다고 보면 틀림없다. 이런 사실을 알면서도 주말골퍼들은 연습장에서 아이언과 드라이버는 열심히 치면서도 정작 퍼팅연습은 거의 하지 않는다. 라운드 나가서 처음 잡는 퍼터를 가지고 퍼팅이 잘 되기를 바란다면 그런 걸 도둑놈심보라고 한다.

인생사도 그렇다. 만인의 연인은 어느 누구의 연인도 될 수 없다. 모든 사람에게 다 잘해주려고 하지 말고 자기 주위의 가까운 사람에게 먼저 정성을 다해야한다. '눈에서 멀어지면, 마음도 멀어진다(Out of Sight, Out of Mind)'는 말도 있듯이 매일 보는 사람, 자주 만나는 사람이 결국 자신의 인생을 완성하는 열쇠가 될 것이다. 중요한지 알면 그 만큼 귀하게 대해야 한다.

*골프규칙 위반에 대한 벌타 15

'규칙23: 루스 임페디먼트'에 대한 벌타

23-1. 구제 Relief
루스 임페디먼트와 볼이 모두 같은 해저드 안에 있거나 접촉해 있는 경우를 제외하고 어떤 루스 임페디먼트도 벌 없이 제거할 수 있다.
볼이 퍼팅 그린 위가 아닌 다른 곳에 놓여 있을 때 플레이어가 루스 임페디먼트를 제거하다가 그 볼을 움직이게 한 경우에는 규칙 18-2를 적용한다.
퍼팅 그린 위에서, 볼이나 볼 마커가 움직인 원인이 바로 그 루스 임페디먼트를 제거하는 것에 있는 경우에는 벌이 없다. 그렇지 않은 경우 플레이어는 규칙 18-2에 의하여 1**벌타를 받는다.**
볼이 움직이고 있는 경우 그 볼의 움직임에 영향을 미칠지도 모르는 루스 임페디먼트는 제거해서는 안 된다.
주(註): 볼이 해저드 안에 있는 경우 플레이어는 같은 해저드 안에 놓여 있거나 그 해저드에 접촉하고 있는 루스 임페디먼트를 접촉하거나 움직여서는 안 된다.

규칙 23의 위반에 대한 벌은
매치 플레이-그 홀의 패, 스트로크 플레이-2벌타.

55. 로망과 노망

퍼붓던 빗줄기가 티오프시간 전에 멈추는 것은
로망이고,
천둥번개 속에서도 라운드를 고집하는 것은
노망이다.

정확한 거리와 퍼팅라인의 캐디는
로망이고,
가봐야 알겠다는 공이 항상 살아있길 바라는 것은
노망이다.

par4홀 3온 1퍼트, par5 4온 1퍼트는
로망이고,
하수가 고수의 돈을 탐내는 것은
노망이다.

현대사회에서 꿈이나 소망의 의미로 쓰이는 로망(roman)은 12~13세기 중세 유럽에서 발생한 연애담이나 무용담 따위의 통속 소설을 의미한다. 노망(老妄)은 노인성 치매를 말하며, 인지기능 저하 증상으로 기억력 감퇴, 언어 능력 저하, 시공간파악능력 저하, 판단력 및 일상생활 수행 능력의 저하 등이 포함된다. 자기가 몇 타 쳤는지 몰라 타수를 자꾸 줄이려 하거나 페어웨이인지 러프인지 파악을 못한다면 인지기능이 상당히 저하된 것이다.

　한국직업사전에서 골프장 캐디는 '골프장에서 고객이 원활한 경기를 할 수 있도록 도와주고 골프백을 운반하거나 카트를 이동시키는 직업'으로 규정하고 있다. 캐디의 유래에도 여러 가지 설이 있지만, 그 어원은 어린아이나 사관학교 생도를 의미하는 프랑스어의 '카데(cadet)'로 보는 것이 일반적이다. 16세기경에는 왕족이나 귀족들이 골프를 할 때 젊은 장교들에게 클럽을 나르게 했다고 한다. 요즘 골프장마다 여성캐디들이 줄고 남성캐디들이 늘어나는 것이 중세시대로의 회귀는 아니겠지?

　90대 타수의 보기 플레이어나 백돌이가 싱글핸디캡퍼인 고수의 돈을 따는 것은 낙타가 바늘구멍 들어가는 것보다 어렵다. 낙타가 바늘구멍을 지나가면 흔적이라도 남지~.

56. 불놀이

퍼팅은 경사면을 태우고
티샷은 바람을 태우고
3번 우드는 내 속을 태운다.

바든그립의 창시자인 영국 골퍼 해리 바든은 "바람은 훌륭한 교사이다. 바람은 그 골퍼의 장점과 단점을 극명하게 가르쳐 준다"고 했다. 50만 포로가 끌려간 병자호란 당시 치열했던 전쟁의 한 복판에 역사가 기록하지 못한 위대한 신궁의 이야기를 그린 영화 <최종병기 활>(2011)에서 배우 박해일(남이 역)의 유명한 대사도 있다. "두려움은 직시하면 그뿐, 바람은 계산하는 것이 아니라 극복하는 것이다."

바람이 심하게 부는 날 라운드를 나가본 골퍼라면 이 말들이 어떤 의미인지 안다. '디 오픈'과 같은 메이저 시합에서 바람은 선수들의 스코어에 큰 영향을 미친다. 바람에 순응할 것인지, 극복할 것인지가 대립하는 것 같지만 사실은 바람을 태우든 바람을 뚫고 가든 바람이라는 변수의 영향을 최소화하기 위한 선택일 뿐이다.

아마추어골퍼들의 골프백에는 3번 우드가 들어있다. 이 클럽은 긴 파4 홀의 버디나 파5홀 2온으로 이글이나 버디를 꿈꾸게 하는 욕망의 클럽이다. 세 번치면 한 번 맞아서 '3번 우드'라는 이름이 생겼다는 말이 있을 정도로 치기 어렵지만 '혹시나' 하는 기대에 '역시나'하는 배신을 당하면서도 버리지 못한다.

57. 웨이트 슈터(Weight Shooter)

에이지 슈터는 나이가 기준이고
웨이트 슈터는 체중이 기준이다.

에이지 슈터는 나이보다 실력이 중요하고
웨이트 슈터는 실력보다 무게가 중요하다.

에이지 슈터는 라운드를 위해 건강을 관리하고
웨이트 슈터는 타수를 위해 체중을 관리한다.

나이 50에 50타는 불가능하지만
85kg에 85타는 가능하다.

에이지 슈터에게는 영광을!
웨이트 슈터에게는 건강을!

골프 라운드를 갔다 온 다음 날 "어제 얼마나 쳤어?"라는 질문에 농담조로 "아침에 잰 체중만큼 쳤어"라고 대답하기 시작했다. 그래서 자기 체중 또는 그 보다 적게 친 사람을 웨이트 슈터(weight shooter)라고 한 것이다.

그렇다면 골프에서 체중과 비거리는 상관관계가 있을까? 야구에서는 홈런타자들과 타격코치들은 타격기술이 동일하다면 체중이 비거리에 영향을 미친다고 말한다. 한국야구위원회가 발표한 자료에 따르면 2011시즌 등록선수의 평균 체중은 85.1kg이었지만 홈런 10걸에 포함된 선수들의 평균 체중은 100kg이 넘었다. 체육과학연구원 송주호 박사는 "비거리를 결정하는 운동량은 질량과 속도에 비례한다. 질량 안에는 선수의 체중과 배트의 무게가 포함 된다"고 설명한다.

하지만, 시속 150km 이상으로 날아오는 공을 치면 배트에도 같은 힘(대형홈런의 경우 약 4톤)이 전달되는 야구와 달리 정지되어 있는 공을 치는 골프는 다르다. 한 연구 논문(Yoon S, 1998, Brigham Young University)에 의하면 엘리트 골프선수들의 스윙스피드는 신장, 팔 길이와는 상관관계를 보인 반면, 체중과 어깨 넓이와는 상관관계를 보이지 않았다. 드라이버거리를 향상시키기 위해 체중을 늘리는 것은 맞지 않으며, 체중 그 자체 보다는 효과적인 체중이동을 통한 헤드스피드의 증가가 비거리라는 공식이 성립된다.

58. 이상한 사칙연산

472 - 4 = 72
810 - 0 = 81
189 - 1 = 89
254 = (2 +5) + 4 = 74
330 = (3 × 3) + 0 = 90

모든 골프장의 탈의실 번호는
그 날의 희망 스코어로 계산된다.

고대 그리스에서 마술(魔術)에 쓰던 딱따구리의 일종인 개미잡이라는 새 이름에서 유래한 '징크스(Jinx)'라는 말이 있다. 본디 불길한 징후를 뜻하지만 일반적으로 선악을 불문하고 불길한 대상이 되는 사물 또는 현상이나 사람의 힘으로는 어찌할 수 없는 운명적인 일 등을 말한다.

박인비 선수는 우승했을 때 우연히 공을 봤는데 4번은 한 번도 없었기 때문에 주로 1, 2, 3번 공을 이용해 경기를 하고, 신지애 선수는 2는 '2퍼트' 또는 준우승을 연상케 하고, 4는 우리나라 사람들이 꺼리는 숫자이기 때문에 1번, 3번 공을 쓰고, 양용은 선수는 PGA 챔피언십에서 3번 공으로 우승한 경험이 있어 지금도 3번 공을 사용하고 있다고 한다.

'컬러 징크스'도 있는데, 타이거 우즈는 대회의 마지막 날에는 반드시 빨간색 셔츠와 검은 바지를 착용하고, LPGA에서 활약 중인 김세영 선수도 빨간 바지를 입으면 긴장이 풀리고 집중이 잘 되어 선두권에 있거나 위기의 순간에 늘 빨간 바지를 찾는다고 한다.

또한, '음식 징크스'도 있는데, '미끄러진다'는 속설 때문에 미역국이나 바나나를, '알을 깐다' 또는 '깨진다'는 부정적 의미가 있어 달걀을 먹지 않는 선수들도 있다고 한다. 신지애 선수는 경기 중 물을 마시고 플레이 한 홀에서 보기를 한 것이 징크스가 되어 한동안 경기 내내 물 한 모금 마시지 못했었는데, 이 징크스를 깨기 위해 18홀 내내 샷을 할 때마다 물을 마셔서 물 징크스에서 탈출할 수 있었다고 한다.

심리학적 관점에서 징크스가 생기는 이유는 어떤 일이 일어난 사건의 원인을 나 자신이 아닌 다른 곳에서 찾아 설명함으로써 심리적인 안정과 위안을 얻기 위해서 라고 한다. 결국 자신의 문제를 남의 탓을 함으로써 모면해보기 위한 비겁한 변명이다.

징크스는 일종의 미신이며 인과관계보다는 우연의 결과가 더 많으니, 이제는 탈의실번호의 저주에서 벗어나라~!

*골프규칙 위반에 대한 벌타 16

'규칙27: 분실구 또는 아웃 오브 바운드 볼; 잠정구'에 대한 벌타

27-1. 스트로크와 거리; 아웃 오브 바운드 볼; 5분 이내에 발견되지 않은 볼
b. 아웃 오브 바운드 볼
볼이 아웃 오브 바운드가 된 경우 **플레이어는 1벌타를 받고 원구를 최후로 플레이 했던 지점에 되도록 가까운 곳에서 볼을 플레이하지 않으면 안 된다.**
c. 5분 이내에 발견되지 않은 볼
볼이 플레이어 편이나 그들의 캐디가 볼을 찾기 시작하여 **5분 이내에** 볼이 발견되지 않거나 플레이어가 자신의 볼로 확인하지 못해서 볼이 분실된 경우 **플레이어는 1벌타를 받고 원구를 최후로 플레이했던 지점에 되도록 가까운 곳에서 볼을 플레이하지 않으면 안 된다.**
예외: 발견되지 않았던 원구가 국외자에 의하여 움직였다는 것(규칙 18-1), 장해물 안에(규칙 24-3) 있다는 것, 비정상적인 코스 상태 안에(규칙 25-1) 있다는 것 또는 워터 해저드 안에(규칙 26-1) 있다는 것을 알고 있거나 사실상 확실한 경우 플레이어는 해당되는 규칙에 의하여 처리할 수 있다.

규칙 27-1의 위반에 대한 벌은
매치 플레이-그 홀의 패, 스트로크 플레이-2벌타.

59. 입스(Yips)

티샷OB에 벽돌 두 개
쓰리퍼트에 벽돌 세 개
갤러리의 야유에 벽돌 네 개
그렇게 쌓아 올린 벽에
나를 가두었다.

단절이 더 큰 고통이란 것을 알지만
벗어남의 두려움은 더 아프다.

영원히 이 벽속에 살 것이 아니라면
깨고 나가
네 자신에게
자유를 주라.
죽을 만큼 아프다면
좋다.
깨고 나가서 죽어라!

시사상식사전(박문각)에 의하면 '입스(yips)'란 골프에서 스윙 전 샷 실패에 대한 두려움으로 발생하는 각종 불안 증세로서, 부상 및 샷 실패에 대한 불안감, 주위 시선에 대한 지나친 의식 등이 원인이 되어 손·손목 근육의 가벼운 경련, 발한 등의 신체적인 문제가 일어나는 것이다. 뇌 속의 무의식과 의식을 각각 담당하는 편도와 해마의 균형이 깨져 편도가 과잉 활성화되고 해마가 억압될 경우 발생한다. 미국 메이요클리닉의 연구 결과, 전 세계 골퍼의 25% 이상이 입스를 경험하는 것으로 나타났다.

입스라는 단어를 처음 쓴 사람은 메이저 3승을 거둔 스코틀랜드의 전설적인 골퍼 토미 아머(Tommy Armour, 1896~1968)라고 알려져 있는데, 1927년 쇼니 오픈 2라운드 파5 17번 홀에서 18오버파 '23타'라는 스코어를 기록한 후 "입스가 일어난 것 같다"고 했다.

벤 호건과 샘 스니드도 퍼팅 입스로 고생했고, 톰 왓슨은 2009년 디 오픈 챔피언십 마지막 홀에서 2m가 조금 넘는 파 퍼트를 실패하며 역대 최고령인 59세의 나이로 메이저 우승을 놓쳤다. 2016년 마스터스 1번 홀에서 6퍼트를 한 어니 엘스는 라운드가 끝난 뒤 "머릿속에 뱀들이 돌아다니는 것 같았다"라며 답답함을 호소했다.

스포츠 심리전문가들은 입스는 심리적인 원인이 크다는 데 동의하고 있으며, 두려움을 인식하고 인정하는 것이 중요하다고 했다. 하지만 최근의 운동의학 연구들을 보면 입스가 사실 심리적 현상이 아닌, 신체적 문제라고 보는 견해도 있는데, 긴장을 해서 손을 떠는 게 아니라, 손이 떨려서 긴장까지 하게 되는 것이라고 보고 있다.

    입스의 원인도 그 해결책도 골퍼 자신에게 달려있다. 입스에 갇힌 채 고통 받으며 살고 싶지 않다면 죽기를 각오하고 깨고 나와야 한다.

*골프규칙 위반에 대한 벌타 17

'규칙28: 언플레이어블 볼 Ball Unplayable'에 대한 벌타

볼이 워터 해저드 안에 있을 때를 제외하고 플레이어는 코스 위의 어느 곳에서도 자신의 볼을 언플레이어블로 간주할 수 있다. 플레이어는 자신의 볼이 언플레이어블인가 아닌가를 판단할 수 있는 유일한 사람이다.
플레이어가 자신의 볼을 언플레이어블로 간주한 경우 **1벌타를 받고** 다음의 한 가지로 처리하지 않으면 안 된다.
a. 원구를 최후로 플레이한 지점에 되도록 가까운 지점에서 볼을 플레이하여 규칙 27-1의 스트로크와 거리 규정에 의하여 처리한다.
b. 홀과 볼이 있었던 지점을 연결한 직선상으로 그 볼이 있었던 지점 후방에 볼을 드롭한다. 그때 그 지점은 볼이 있었던 지점 후방이면 아무리 멀리 떨어져도 그 거리에는 제한이 없다.
c. 그 볼이 있었던 지점에서 2클럽 길이 이내로 홀에 더 가깝지 않은 곳에 볼을 드롭한다.

언플레이어블 볼이 벙커 안에 있는 경우에도 플레이어는 위의 a, b 또는 c에 의하여 처리할 수 있으며 플레이어가 위의 b나 c에 의하여 처리할 때는 그 벙커 안에 볼을 드롭하지 않으면 안 된다.
본 규칙 28에 의하여 처리할 경우 플레이어는 그의 볼을 집어 올려서 닦을 수 있고 또는 볼을 교체할 수 있다.
규칙 28의 위반에 대한 벌은
매치 플레이-그 홀의 패, 스트로크 플레이-2벌타.

60. 홀인원

딱, 한번!
그래서
좋다.

홀인원(hole in one)은 한 번의 샷으로 공을 홀에 넣어서 스코어 1을 기록하는 경우를 말하는데 '에이스(ace)'라고도 한다.

미국 골프 전문 잡지인 '골프다이제스트'에 따르면 미국 아마추어골퍼의 홀인원 확률은 1만2000분의 1 수준이라고 한다. 프로 골퍼라 해도 파3홀에서 홀인원 확률은 3000분의 1이며, 싱글 골퍼의 경우 평균 5000분의 1의 확률로 홀인원을 하는 것으로 나타났다.

『한국골프산업백서2016』에서 제시하는 우리나라 골퍼들의 년 간 평균 필드 이용횟수 14회를 적용해 보면 얼마나 홀인원하기가 어려운지 알 수 있다. 14회 라운드 중 홀인원 가능성이 있는 파3홀은 56(18홀 중 파3 4홀 기준), 이 수치를 홀인원 확률로 계산하면 214년이 지나야 한 번 홀인원 할 수 있다. 1주 4회 이상, 1년 200회 이상 라운드를 나가도 15년이 걸린다.

남촌, 드비치, 세인트포, 아덴힐, 킹스데일 등 국내외 60여개의 골프코스를 설계한 송호골프디자인의 송호 대표님은 1년 라운드 150회, 핸디캡 6, 구력 27년차이지만 자신이 설계한 골프장에서조차 홀인원은 한 번도 하지 못했다고 한다.

나는 홀인원을 해본적은 없지만 동반자가 홀인원 하는 것을 목격한 적이 있다. 파크밸리골프장 파3 154m 13번 홀에서 한국골프대학교 권선아 교수(KLPGA 정회원)가 하이브

리드클럽으로 가볍게 친 공이 컵 속으로 빨려 들어가는 순간 동반자 모두 환호성을 질렀고, 그 행운이 3년은 간다는 말이 무슨 의미인지 알 정도로 기쁨의 순간이었다.

어른이 손을 집어넣어 공을 꺼낼 수 있는 108mm 크기의 홀에 직경 4.3cm, 무게 45g 정도의 공을 딱 한 번의 샷으로 넣는다면 홀인원 턱 내느라 돈은 들겠지만 기분은 좋겠지~?

[작가소개]

글: 정경조

경희대학교 정치외교학과
연세대학교 영문학 석사, 박사
현재 한국골프대학교 교수

그림: 장지윤

고려대학교
시카고 아트스쿨
런던 크리스티대학원 미술사 석사
푸에스토 화랑 큐레이터